América

Monteiro
LOBATO

Monteiro
LOBATO

O SACI-PERERÊ: RESULTADO DE UM INQUÉRITO

EDITORA
GLOBO

© Editora Globo, 2008
© Monteiro Lobato
sob licença da Monteiro Lobato Licenciamentos, 2008

Todos os direitos reservados.

Nenhuma parte desta obra pode ser apropriada e estocada em sistema de banco de dados ou processo similar, em qualquer forma ou meio, seja eletrônico, de fotocópia, gravação etc. sem a permissão dos detentores dos *copyrights*.

Edição: Arlete Alonso (coordenação), Cecília Bassarani e Luciane Ortiz de Castro
Edição de arte: Adriana Bertolla Silveira

Consultoria e pesquisa: Marcia Camargos e Vladimir Sacchetta
Preparação de texto: Página Ímpar
Revisão: Cláudia Cantarin, Margô Negro e Márcio Guimarães de Araújo
Produção editorial: 2 Estúdio Gráfico
Direção de arte: Adriana Lins e Guto Lins / Manifesto Design
Projeto gráfico: Manifesto Design
Designer assistente: Nando Arruda
Editoração eletrônica: Susan Johnson

Créditos das imagens: Acervo Cia. da Memória (páginas 17 e 19); Arquivo Família Monteiro Lobato (páginas 10, 14 e 16); Parte da edição fac-símile de 1918 (69, 87, 137, 151, 179, 201, 221, 233, 241, 259, 273, 282, 315 e 365).

Dados Internacionais de Catalogação na Publicação (CIP)
(Câmara Brasileira do Livro, SP, Brasil

Lobato, Monteiro, 1882-1948.
O Saci-pererê : resultado de um inquérito / Monteiro Lobato. — São Paulo : Globo, 2008.

ISBN 978-85-250-4550-8

1. Cultura popular - Brasil 2. Folclore - Brasil 3. Lendas - Brasil 4. Mitologia brasileira 5. Saci-Pererê (Personagem lendário) I. Título.

08-05840   CDD 398.220981

Índices para catálogo sistemático:
1. Personagens lendárias : Folclore brasileiro   398.220981

1ª edição, 1ª impressão

Editora Globo S.A.
Av. Jaguaré, 1.485 – Jaguaré
São Paulo – SP – 05346-902 – Brasil
www.editoraglobo.com.br
monteirolobato@edglobo.com.br

SUMÁRIO

10 Monteiro Lobato

13 Obra adulta

14 Um símbolo de resistência

23 Dedicatória

25 Prefácio

26 Intróito

28 Como surgiu o Saci em São Paulo?

40 O primeiro depoimento

44 Depoimento número 2

48 Depoimento do senhor Plínio Santos, de Ribeirão Preto

52 Depoimento de Manuel da Barroca

56 Depoimento de André Capeta

60 Depoimento do senhor N. Carneiro

64 O depoimento de Conchas

66 Depoimento de um lente de Psicologia e Pedagogia

70 Depoimento de V. P. C.

74 Depoimento do senhor João B. de Andrade

76 Depoimento do senhor João Lobo

80 Depoimento do senhor Miguel Milano

84 Depoimento do senhor J. Pires

88 Depoimento do senhor M. L. de Oliveira Filho

92 Depoimento do "assíduo leitor" A. P.

- 94 Depoimento do senhor Jorge Nóbrega
- 98 Interregno
- 104 Depoimento do senhor João Corisco
- 108 Depoimento do senhor Otávio Augusto
- 114 Depoimento do senhor Guilherme Lund Netto
- 118 Depoimento de uma professora
- 122 Depoimento de uma menina
- 126 Depoimento de um anônimo
- 130 Depoimento do senhor José Vieira
- 134 Adendos do senhor Manoel Lopes
- 138 Depoimento do senhor Belmiro Aranha
- 144 Depoimento do senhor José dos Santos
- 148 Depoimento de um casmurro
- 156 Depoimento do próprio Saci
- 160 Depoimento em prosa e verso
- 164 Depoimento de Caçapava
- 168 Depoimento do senhor Fabrício Júnior
- 172 Depoimento de um anônimo
- 176 Depoimento do senhor Bicudo
- 180 Depoimento de Baependi
- 184 Depoimento do senhor Vieira Lessa
- 188 Depoimento do senhor A. C.
- 192 Depoimento do senhor A. Reinke
- 198 Depoimento do senhor Renato Barros, de Casa Branca
- 202 Depoimento em verso
- 206 Depoimento do senhor H. Salles
- 210 Depoimento do senhor Juca do Pari
- 214 Depoimento do senhor J. Pereira da Silva
- 218 Depoimento de um "Bandeirante"
- 222 Depoimento do senhor Carlos d'Eça
- 226 Depoimento do senhor Fernando Guimarães, de Pau Arcado

230 Depoimento do senhor M. A. Sant'Anna
234 Depoimento do senhor Luiz Fleury, de Sorocaba
242 Depoimento de Melchior
246 Depoimento de "César"
250 Depoimento em verso do doutor
     Ulysses de Souza e Silva
256 Depoimento do senhor J. S.
260 Depoimento do senhor L. P. S.
264 Depoimento em prosa do doutor
     Ulysses de Souza e Silva
270 Depoimento do senhor João Silva
274 Depoimento de Zé Caipora
278 Depoimento de um anônimo
284 Depoimento do senhor V. Orozimbo dos Santos
290 Depoimento do senhor Hugo Ribeiro
294 Depoimento de "Joaquim"
298 Depoimento do senhor Fonseca Sobrinho
306 Depoimento do senhor Nestor Bertone
310 Depoimento de Jacques Félix
312 Depoimento de "Constante leitor"
316 Depoimento de Procópio Silvestre
320 Depoimento de Saul Delphino
324 Depoimento de Dodó Carneiro
328 Depoimento do senhor Jorge Ayres
332 Depoimento de "Mineiro"
336 Depoimento do senhor S., de Taubaté
340 Depoimento de Luigi Cappalunga
344 Depoimento de Ângelo Med.
348 Depoimento do senhor S. Nogueira de Lima
354 Depoimento de "Brasilófilo"
360 Conclusão
366 Epílogo
378 Bibliografia

Monteiro Lobato

Monteiro Lobato por J.U. Campos

Homem *de múltiplas facetas, José Bento Monteiro Lobato passou a vida engajado em campanhas para colocar o país no caminho da modernidade. Nascido em Taubaté, interior paulista, no ano de 1882, celebrizou-se como o criador do Sítio do Picapau Amarelo, mas sua atuação extrapola o universo da literatura infanto-juvenil, gênero em que foi pioneiro.*

Apesar da sua inclinação para as artes plásticas, cursou a Faculdade do Largo São Francisco por imposição do avô, o Visconde de Tremembé, mas seguiu carreira por pouco tempo. Logo trocaria o Direito pelo mundo das letras, sem deixar de lado a pintura nem a fotografia, outra de suas paixões.

Colaborador da imprensa paulista e carioca, Lobato não demoraria a suscitar polêmica com o artigo "Velha praga", publicado em 1914 em O Estado de S. Paulo. *Um protesto contra as queimadas no Vale do Paraíba, o texto seria seguido de "Urupês", no mesmo jornal, título dado também ao livro que, trazendo o Jeca Tatu, seu personagem símbolo, esgotou 30 mil exemplares entre 1918 e 1925. Seria, porém, na* Revista do Brasil, *adquirida em 1918, que ele lançaria as bases da indústria editorial no país. Aliando qualidade gráfica a uma agressiva rede de distribuição, com vendedores autônomos e consignatários, ele revoluciona o mercado livreiro. E não pára por aí. Lança, em 1920,* A menina do narizinho arrebitado, *a primeira da série de histórias que formariam gerações sucessivas de leitores. A infância ganha um sabor tropical, temperado com pitadas de folclore, cultura popular e, principalmente, muita fantasia.*

Em 1926, meses antes de partir para uma estada como adido comercial junto ao consulado brasileiro em Nova York, Lobato escreve O presidente negro. *Neste seu único romance, prevê através das lentes do "porviroscópio" um futuro interligado pela rede de computadores.*

De regresso dos Estados Unidos após a Revolução de 30, investe no ferro e no petróleo. Funda empresas de prospecção, mas contraria poderosos interesses multinacionais que culminam na sua prisão, em 1941. Indultado por Vargas, continuou perseguido pela ditadura do Estado Novo, que mandou apreender e queimar seus livros infantis.

Depois de um período residindo em Buenos Aires, onde chegou a fundar duas editoras, Monteiro Lobato morreu em 4 de julho de 1948, na cidade de São Paulo, aos 66 anos de idade. Deixou, como legado, o exemplo de independência intelectual e criatividade na obra que continua presente no imaginário de crianças, jovens e adultos.

OBRA ADULTA*

CONTOS
- URUPÊS
- CIDADES MORTAS
- NEGRINHA
- O MACACO QUE SE FEZ HOMEM

ROMANCE
- O PRESIDENTE NEGRO

JORNALISMO E CRÍTICA
- O SACI-PERERÊ: RESULTADO DE UM INQUÉRITO
- IDÉIAS DE JECA TATU
- A ONDA VERDE
- MR. SLANG E O BRASIL
- NA ANTEVÉSPERA
- CRÍTICAS E OUTRAS NOTAS

ESCRITOS DA JUVENTUDE
- LITERATURA DO MINARETE
- MUNDO DA LUA

CRUZADAS E CAMPANHAS
- PROBLEMA VITAL / JECA TATU / ZÉ BRASIL
- FERRO / VOTO SECRETO
- O ESCÂNDALO DO PETRÓLEO / GEORGISMO E COMUNISMO / O IMPOSTO ÚNICO

ESPARSOS
- FRAGMENTOS / OPINIÕES / MISCELÂNEA
- PREFÁCIOS E ENTREVISTAS
- CONFERÊNCIAS, ARTIGOS E CRÔNICAS

IMPRESSÕES DE VIAGEM
- AMÉRICA

CORRESPONDÊNCIA
- A BARCA DE GLEYRE – VOLUMES 1 E 2
- CARTAS ESCOLHIDAS – VOLUMES 1 E 2
- CARTAS DE AMOR

* Plano de obra da edição de 2007. A edição dos livros teve como base a publicação das Obras Completas de Monteiro Lobato da Editora Brasiliense de 1945/46.

Um símbolo de resistência

Saci, desenho a nanquim de M. Lobato

Sob o título "Mitologia brasílica", em janeiro de 1917 Monteiro Lobato lançava no *Estadinho*, edição vespertina de *O Estado de S. Paulo*, uma pesquisa de abrangência nacional sobre o Saci-pererê. Focada em um mito tupi-guarani surgido há mais de dois séculos na região fronteiriça com o Paraguai, chamado *Çaa cy perereg* ou "olho mau saltitante", nascia uma investigação científica pioneira para estabelecer os conteúdos lendários e comportamentais do "insigne perneta" na perspectiva dos leitores do jornal. Ao aplicar uma técnica de coleta de dados inédita, Lobato revitalizava a cultura popular, trazendo para o centro dos debates a questão do desenraizamento que afetava boa parte da nossa intelectualidade.

Com cartas enviadas de Minas Gerais, do estado do Rio e do interior paulista, a acolhida da sondagem surpreendeu. Se as respostas variavam, elas conservavam, em comum, uma origem que emergia de relatos de ex-escravos trabalhadores das fazendas ou de pequenas propriedades agrícolas. Travesso e zombeteiro, mas algumas vezes maligno, o Saci gosta de dançar e praticar pequenas diabruras, como disparar os cavalos à noite com as crinas embaraçadas. Restrito à zona rural, de acordo com os testemunhos remetidos a Lobato, também gora ninhadas, queima balões, come o piruá da pipoca, rouba espigas e quebra os pés de milho, desfaz os crochês, esconde os roletes de fumo e faz sumir objetos, além de beber o vinho dos barris. Ser notívago, conhecido como filho da sombra, ao raiar do dia esconde-se nos grotões, no fundo dos poços, na toca de tatus, nos ocos das árvores ou em qualquer lugar onde não penetre a luz, sua inimiga mortal. Mal escurece, ele pula do esconderijo, solta seu tenebroso assovio típico e começa a fazer molecagens.

Monteiro Lobato na redação da Revista do Brasil, *1918*

Brejeiro e libertário, escancara as porteiras para que os animais fujam. Produto da imaginação coletiva, ele representa, para Lobato, uma necessidade "psicológica" de explicar inúmeros fenômenos cujas causas naturais escapam à compreensão das pessoas comuns. Cheio de artifícios, o Saci pode ser capturado de maneiras diferentes. A mais conhecida é por meio de uma peneira jogada no centro de um redemoinho, em dias de forte ventania. Híbrido e mutante, peão e cavaleiro, com o tempo mudou a coloração da pele e foi perdendo os atributos demoníacos como rabo, chifres e cheiro de enxofre. Ganhou o pito e um gorro vermelho, derivado do barrete frígio adotado pelos governos republicanos mundo afora, mas sua estirpe africana, enfatizada, permeia a maioria das declarações.

"O Saci é um tipo *mignon* preto, lustroso e brilhante como o piche, não tem pêlo no corpo e nem à cabeça; dois olhinhos vivos como os da cobra e vermelhos como os de um rato-branco; a sua altura não passa de meio metro", garantia um leitor do Vale do Ribeira, entre o sul do estado de São Paulo e o norte do Paraná. "O Saci, como o pintava sempre a Joana, a mucama que me criou, o *mardito*, como ela o chamava, era um pretinho de um metro de altura, uma perna só, vestido com um calção de baeta vermelha", atestava outro, chamado João Corisco, que acrescentou à sua descrição uma camisa branca aberta no peito, carapuça vermelha afunilada, além de nariz adunco, barbinha de bode preto e unhas compridas. Não faltaram, tampouco, alguns depoimentos em verso, além de uma original polca do saci, remetida em forma de partitura, composta para piano por um músico amador.

Anúncio criado por Voltolino, 1918

Diante da diversidade e riqueza do material recebido, Lobato não teve dúvidas. Para encerrar a polêmica, publicou um texto remetido da Várzea do Carmo atribuído por ele a ninguém menos do que o Saci. Corrigindo o perfil dos seus retratos ao longo das páginas do volume, explicava que era filho legítimo de cabocla e tinha duas pernas com os calcanhares voltados para a frente. As pegadas indicavam, assim, a direção inversa àquela escolhida. "É isso um bem porque a humanidade ternamente desviada comigo do bom caminho tem ensejo de mudar de direção seguindo os traços das minhas plantas."

Veiculando anúncios especialmente criados por Voltolino, pseudônimo do ilustrador e caricaturista Lemmo Lemmi, para cobrir parte dos gastos e viabilizar sua impressão na gráfica do jornal O *Estado de S. Paulo*, O *Sacy-pererê: resultado de um inquérito* foi lançado no início de 1918, na fase mais cruel da Primeira Guerra Mundial. Contraponto ao pesadelo protagonizado pelas nações ditas "civilizadas", modelo e emblema de prestígio para nossas elites, vinha, de quebra, despertar consciências adormecidas ao enfocar um símbolo de resistência como o Saci, autêntica manifestação da alma de nossa gente. "Este livro significa um pouco mais do que parece ao primeiro relance", afirmou Lobato no epílogo. "Revela o onde e o como se hão de buscar os elementos de estudo e compreensão de nós próprios."

Marcia Camargos

Capa da 1ª edição, com ilustração de J. Wasth Rodrigues, 1918

O SACI-PERERÊ: RESULTADO DE UM INQUÉRITO

Dedicatória*

A ti, "Trianon", bar "*dernier bateau*" onde, por canudinhos de palha ingerimos doses maciças de elegância; a ti, raspadeira que nos descascas a gafa da brasileirice, em torno de cujas meninas uma lépida Maria Antonieta nos ensina a chocar o ovo de uma coisa mais engraçada do que a civilização de hoje – que será a civilização d'amanhã; a ti, ó autoscopia, nós, teus detratores e teus fregueses humildemente te ofertamos este livro.

À memória da saudosa tia Esméria, e de quanta preta velha nos pôs, em criança, de cabelos arrepiados com histórias de cucas, sacis e lobisomens, tão mais interessantes que as larachas contadas hoje aos nossos pobres filhos por umas lambisgóias de touca branca, n'uma algaravia teuto-ítalo-nipônica que o diabo entenda. Vieram estas corujas civilizar-nos; mas que saudades da tia velha, quem, em vez de civilização requentada a 70 milréis por mês, afora bicos, nos apavorava de graça!

---

* *Texto da edição original, de 1918.*

Prefácio da 1ª edição

Para ventilar uma criação puramente subjetiva como esta do Saci, a forma de inquérito é a mais razoável. Evita que um só sujeito tome conta ao assunto e imponha maçadoramente a sua idéia em estiradas considerações eruditas, onde o que mais procura não é revelar o Saci, senão pavonear a si próprio com grande riqueza de pronomes bem colocados. Assim, em inquérito, todos falam, o estilo varia, o pitoresco aumenta; e concorrem sobretudo os não-profissionais das letras. É erro supor que o literato é a voz mais adequada para dizer em concurso destes. Melhor, com mais sinceridade, com mais ingenuidade que tais pavões, sabem contar reminiscências as pessoas desafeitas de entrar no Parnaso de chapéu na cabeça, cigarro ao canto da boca, e "você" e "tus" familiaríssimos a Minerva e Apolo.

A cortesanice da glória, o olho posto numa academia de letras, e a preocupação do pronome não estragam nos leigos o *élan primesautier* da confidência.

E já lá escapou o francês!

Intróito*

Começara mal o ano de 1917. A carniçaria européia, no apogeu, refletia por cá o clarão dos incêndios, os estouros de obuses, a angústia do gás asfixiante e a selvageria dos modos mais civilizados de matar em grande. Quem se afoutasse a abrir uma folha sorvia sangue dos telegramas à seção livre. Um engulho. Foi quando surgiu o Saci, e veio com suas diabruras aliviar-nos do pesadelo. Por várias semanas alvorotaste meio mundo, oh infernal maroto, e desviaste a nossa atenção para quadro mais ameno que o trucidar dos povos. Bendito sejas! Estás perdoado de muitas travessuras por haveres interrompido, por um momento, em nossa imaginação, a hedionda sessão permanente de horror, aberta pelo sinistro 2 de agosto de 1914, de execrabilíssima memória.

* *Texto da edição original, de 1918.*

Como surgiu o Saci em São Paulo?

Um sujeitinho bilioso, recém-chegado da *selva selvaggia* do Buquira, em passeio com um amigo pelo Jardim da Luz, parou diante dos anões de gorra, barbaçudos, entrajados à alemã, que por lá quebram a monotonia dos relvados. E disse filosoficamente:

– Como berra esta nota nibelúngica neste pastinho de grama, entre jerivás e jiçaras! E como um fato insignificante destes demonstra a nossa profunda covardia estética!

– Querias então...

– ... que estivesse aqui um saci, por exemplo, um curupira, um papagaio, um macaco, uma preguiça, um tico-tico, um coronel – qualquer bicho enfim que não desafinasse com o ambiente, como desafina esse anão do Reno que treme de frio sob pesadas lãs enquanto os sorveteiros apregoam a dois passos daqui as suas neves açucaradas.

Dias depois[1]

Dias depois esse mesmo sujeitinho, escrevendo de Ricardo Gonçalves na *Revista do Brasil*, insistiu no tema do achincalhe de nossa individualidade. E disse:

---

[1] *Esse texto foi publicado pela primeira vez na* Revista do Brasil, *vol. III, setembro dezembro de 1916. Também foi incorporado com modificações no livro* Idéias de Jeca Tatu, *de 1919, no artigo intitulado "A poesia de Ricardo Gonçalves". Nota desta edição.*

"... Sobe de ponto o valor da pureza da sua estesia se espraiamos o olhar pela cidade onde o espírito de Ricardo floriu – floriu como a flor do lótus, ai!...

É a *urbs volapuk* onde grunhem todas as línguas e onde passeia pelas ruas a escala inteira dos ângulos faciais. O poeta sufocado pela atmosfera caleidoscópica deste *salmagundi* urbano refugia amiúde dos seus venenos dessorantes. Ia ver jequitibás a Piracaia, para descanso dos olhos fartos destes plátanos geometricamente perfilados à beira dos passeios, como árvores bem ensinadas.

Ia longe daqui aspirar a fragrância das florinhas silvestres que lhe não recordassem crisandálias e outras patifarias florais de importação. Ia ouvir a patativa piar nas devesas para esquecimento do chilreio azucrinante do canário-belga.

Como esta cidade mente à terra! E como se empenham seus filhos em extirpar do seio dela as derradeiras radículas da individualidade!

Vai um pobre mortal espairecer ao jardim, e lá, em vez duma nesga da nossa natureza tão rica, é sempre o *volapuk* que se lhe depara. Pelos canteiros de grama inglesa há figurinhas de anões germânicos, gnomos do Reno, a sobraçarem garrafas de *beer*. Por que tais nibelungices, mudas à nossa alma, e não sacis-cererês, caiporas, mães-d'água e mais duendes criados pela imaginação do povo?

O próprio arvoredo é por metade coisa alheia. Um ipê florido, a árvore da quaresma, um angiqueiro – inutilmente os procurareis ali. Se ressoa no coreto a música ouvireis Puccini, Wagner, Sidney Jones, e tais modulações vêm tornar inda mais incaracterístico o ambiente do logradouro. Súbito, ao quebrar uma alameda, uma estátua avulta em meio dum canteiro. Bate-vos o coração, há-de ser G. Dias, Casimiro, um poeta nosso. Nada disso: é Garibaldi... Tendes sede? No *bar* só há *chops, grogs, cocktails, vermouths*. Tendes fome? Dão-vos *sandwichs* de *pão alemão* e *queijo suíço*. Lá apita um trem: é a *Ingleza*. Tomais um bonde: é a *Light*. Cobra-vos a passagem um *italiano*. Desceis num cinema: É *Iris, Odeon, Bijou*.

Começa a projeção: é uma tolice francesa de Pathé ou uma calamidade da Itália. Um baleiro passa ao lado: *nougat, torrone*. Correis a um teatro; o cartaz anuncia *troupe* francesa. Mas ao espírito vos acode que um existe onde funciona companhia nacional e onde se faz teatro nacional. Ora graças, dizeis, vou-me a ver coisas da minha terra. Ides; ergue-se o pano: os atores nacionais são portugueses, a peça é a *Flambada*, de Kistemacker; o cartaz tem o cuidado de meter a Labareda entre parêntesis, letra miúda, para que impe vitoriosa *La Fambeé*. Saís desconfiadíssimo daquele nacionalismo. Correis ao hotel, meteis-vos na cama depois de sorvida uma chávena de *chá-da-índia* com torradas de *pão argentino*. Estais quase a dormir. Será o vosso sono um sono brasileiro? Impossível. Pelas reixas das venezianas entram a acalentá-lo os sons distantes duma canção napolitana: Ai Mari...

Em tal meio etc."

Conseqüências

Tal artigo foi lido por três pessoas além do tipógrafo. Uma delas foi o próprio autor para gozar os imprevistos da revisão. Outra não foi o revisor. A terceira manda a lógica concluir ter sido o senhor M. L. de O. F.[2]

Apesar de ocupadíssimo no criar carunchos em escala pequena, para descobrir o método de arrasá-los em massa, teve lazer S.S. para tomar um palito de fósforo e, com o cinzel marca Olho, modelar em barro do Poá o primeiro Saci jamais esculturado neste país de sacis. Fotografou-o e deu ensejo a que o *Estado* o estampasse em gravura, com uma tirada nestes termos:

"O SACI

Entre os nossos artistas já se vai despertando certa curiosidade pelo diabolismo do lendário popular do qual é o Saci-pererê a figura mais sugestiva. Em pitoresco e artimanhas o moleque de uma perna só em nada fica atrás dos *bleu-devils* escoseses ou dos gnomos germânicos do Reno. Merece entrar ruidosamente para a legião universal dos infernizadores da vida. No dia em que esse *enfant-terrible* das capoeiras for fixado em formas definitivas pelas artes plásticas, o nosso patrimônio artístico ter-se-á

[2] *Manoel Lopes de Oliveira Filho, biólogo e jornalista de O Estado de S. Paulo, conhecido como Manequinho Lopes. Nota desta edição.*

enriquecido de *algo nuevo*. Será uma nota de originalidade brasílica tão valiosa como o maxixe na coreografia, a moqueca na culinária, o péu-péu nos dias de hino, a modinha na música, o desafio na poesia, o marechal Pires Ferreira na política."

> *Aqui o articulista foi inepto. A comparação é desairosa... Para o marechal? Calo-me. E deixo o discernimento ao leitor.*

"A dificuldade que para isso encontram pintores e escultores está em que não basta irem às bibliotecas e pedirem por boca tal ou tal obra. Nossas bibliotecas públicas possuíam nas estantes gramáticas célticas em vinte volumes, in-4º,[3] mas não se dão à pacholice de conspurcar o nobre ambiente livresco com velharias de Mello Moraes, Sílvio Romero e mais poucos estudiosos destas bobagens folclóricas."

> *Exagero evidente. As nossas bibliotecas, se não são umas bibliotecas de Alexandria à espera do Omar incendiário, acoutam em suas estantes muita coisa boa. Os articulistas da marca deste é que lá não pisam.*

"É-lhes forçoso afundar na roça para consulta verbal ao livro não escrito da crendice popular.

E como a figura do Saci varia de zona a zona, conforme grau de medo que a natureza noturna inspira ao sertanejo, este fato exige deles uma onerosa investigação dispersiva, caso queiram ser honestos.

O Medo! Eis o pai da bicharia. Aqui, como na Grécia, como nesse Egito inçado de Ramséses que se 'perdem na noite dos tempos', é sempre o medo o grande criador dos deuses e dos demônios.

De onde sais tu, religião! Da escuridão da noite...

---

[3] *Unidade de medida para formato de livros. O formato in-4º indica que o livro tem de 25 a 35 centímetros de altura com páginas impressas em folhas de papel dobradas em dois. Nota desta edição.*

A treva gera o medo; o medo gera o deus e o diabo, e gera ao pé destes a legião inteira da boêmia infernal – deusesinhos e demoninhos menores, Ariel, Mab, Caliban, anões subterrâneos, diabinhos azuis, bruxas, lobisomens, caiporas, curupiras e sacis.

Só no convívio do sertanejo, valente de dia e medroso de noite, ao som da viola num rancho de tropeiros, vendo bruxulear a fogueirinha e, fora, na imprimadura da escuridão, lucilar o vaga-lume vagabundo, é que um artista poderá 'ouvir e entender' sacis.

O medinho contagioso abrir-lhe-á todas as válvulas da compreensão. E saberá pela boca ingenuamente crédula do Jeca Tatu que tempera a viola que o Saci é um molecote daninho, cabrinha malvado, amigo de montar em pêlo nos 'alimais' soltos no pasto e sugar-lhes o sangue enquanto os pobres bichos se exaurem em correria desapoderada, às tontas, loucos de pavor. E que em dias de vento ele passa pinoteando nos remoinhos de poeira. E que nessa ocasião basta lançar no turbilhão um rosário de caiapiá para tê-lo cativo e a seu serviço como um criadinho invisível. E saberá mil particularidades mais, ouvirá 'causos' de mil diabruras pelos campos, ou dentro de casa se uma cruz na porta principal não a protege do capeta. E ficará encantado com a psicologia do pernetinha, cuja mania é atanazar a vida do sertanejo com molecagens de todo o gênero, sem entretanto cair em excessos de perversidade. Não tem maus bofes, o Saci. O que quer é divertir-se à custa do caboclo e quebrar a vida monótona do sertão.

Vive em permanente diabrura – o que é natural num diabinho – a pregar peças no bicho homem. Este, por sua vez, desquita-se na mesma moeda armando 'boas' ao Saci, que nem sempre leva a melhor no curioso duelo. Quando um deles se excede em travessuras, no redor da casa, o caboclo indignado casca-lhe em cima uma mocada de rezas e amarra-o afinal. Basta um nó bem dado, num cabo de buçá, para que o moleque fique preso, a gemer 'sugigado'.

Por que então, se é assim fácil, por que não se livra dele, duma vez, o caboclo, conservando o nó sempre apertado? Altos segredos da psicologia sertaneja... Ao enfurecimento do homem sucede logo o dó; o caboclo começa a sentir falta de alguma coisa; o mato parece-lhe triste, a noite muito vazia, os animais nostálgicos da correria noturna. E vai, então, e desdá o nó com um ralho amigo:

– Va s'imbora, peste!

E o Saci azula, ventando.

Que ótimo, que precioso tema de arte não é esta concepção popular!

No entanto nenhuma tentativa inda foi feita para fixá-lo na tela ou no barro.

Um distinto sabedor das nossas coisas, negociante de café, tentou plasmar no barro – e em barro do Poá – a forma do Saci como ele a concebe. O senhor M. L. de Oliveira Filho manda-nos o figurão reproduzido em gravura, com as seguintes notas:

'Saci-perereg (Çaa Cy – olho mau; perereg – saltitante). Preto. Nariz de socó, língua de palmo, 'pincésinho' no queixo, barriga de maleiteiro, umbigo de chorão, uma perna só, rasto de criança, espora de galo velho que dá para empoleirar dois pintos. Quando trepa em barranco deixa três riscos, sinal de que tem três dedos. Mão furada, orelha de morcego, carapuça vermelha de cuia, com barbicacho de sedenho. Acompanha os cavaleiros em viagem por dentro do mato arrancando cipós. Quando vê gente assobia, põe a língua e 'curisca'. Deita fumaça pelos olhos'.

Se a 'barro do Poá' de Oliveira Filho não resolve, do ponto de vista estético, a fixação plástica do Saci, culpa não cabe ao autor."

O autor protestou contra o menoscabo do seu talento escultural. O articulista não se explicara convenientemente. Queria dizer que se um Rodin houvera lidado o Saci a escultura teria saído um pouco melhor do ponto de vista da técnica. É perdoável esta boa idéia que ele faz do Rodin.

"Tem culpa o país, este país das Arábias em que os negociantes se vêem forçados a meter mãos no barro e ensinar o caminho aos escultores de profissão, porque estes senhores andam talvez a sonhar negócio e café depois que o Zago entrou a zagar os parques e os encheu de escultural desânimo.

M. L."[4]

Novas conseqüências

O qual artigo foi lido e comentado em vários tons. A parentela do Conselheiro Acácio indignou-se com o fato dum jornal sério daqueles gastar sua tinta e uma coluna de papel com tão "grosseira superstição popular, dessas que depõem contra os nossos créditos de civilizados perante as nações estrangeiras". O "outro lado" riu-se do Conselheiro, e o povo gostou de ver relembrada em letra de forma uma crendice que lhe inflorara os anos pueris. À noite, no jornal, a guerra foi posta de parte e só se conversou saci. Cada qual puxava dos desvãos da memória uma reminiscência quase extinta. Ventilaram-se todas as impressões sacisescas, narraram-se os casos sabidos e, palavra vem, palavra vai, nasce a idéia do inquérito.

[4] *Monteiro Lobato. Nota desta edição.*

O inquérito

Em 25 de janeiro do supradito ano de 1917, reinando no mundo Bellona e no Brasil o Exmo. senhor Dr. Wenceslau Braz Pereira Gomes, abriu-se o inquérito sobre o Saci, para tirar a limpo o que de positivo havia na memória da nossa gente sobre o insigne perneta. Figurou de fórum onde abicassem os depoimentos o *Estadinho*, apelido popular da edição vespertina do *Estado de S.Paulo*. Exordiaram-no os seguintes dizeres:

"Mitologia brasílica
Inquérito sobre o Saci-pererê

O *Estadinho* inaugura hoje uma série de estudos em que todos são chamados a colaborar. Abre um inquérito, ou "enquete" como diz o Trianon na sua meia língua. Sobre o futuro presidente da República? Não. Sobre o Saci.

Todos os povos, do inúite da Groenlândia ao tuaregue berbere, do inglês ao chim, vivem com um pé na realidade e outro no sonho. Por força de uma necessidade incoercível eles se criam um ambiente fantástico de concepções supra-sensíveis para repouso do prosaísmo diário.

Verdadeiro oásis onde a ânsia vaga de algo melhor põe tudo quanto o homem não encontra no deserto da vida, mas de que necessita para equilíbrio rítmico de sua alma. Assim a Grécia, para tomar um exemplo dentre mil, viu a imaginação dos seus filhos povoar os bosques de faunos e sátiros caprípedes, os campos de centauros, as águas de sereias, dríadas e ninfas, o ar de silfos, o céu de deuses: e essa mitologia, de criação puramente popular, foi a contribuição máxima que ao mundo legou a gente helênica.

Seus rapsodos, como seus escultores, nada mais fizeram senão fixar no poema ou no mármore as crendices que o marinheiro velho, tanado de sol, transmitia ao adolescente embarcadiço de primeira viagem, nas horas de folga, quando a galera abicava numa angra para repousar. E até hoje todos os povos modernos cultuam aqueles símbolos mortos apesar da nenhuma significação que eles têm fora do ambiente grego. Será assim pelo valor intrínseco próprio à crendice em si? Não. Reside o segredo de sua persistência, séculos em fora, na extrema beleza das formas sob as quais o artista grego a consolidou.

Disto se conclui que o povo é o grande criador, e que o artista tem por missão operar como o instrumento estético por meio do qual o povo dá corpo definitivo e harmônico aos seus ingênuos esboços.

Temos nós, no seio da massa popular, matéria-prima digna de ser plasmada pelas mãos da arte? Sim. Não tão abundante e rica como a tinha o grego, povo eleito da Harmonia; mas rica e abundante o suficiente para darmos ao mundo uma contribuição vultuosa de criações originais.

Basta que o nosso artista, se é um garimpeiro de talento, mergulhe no seio do povo e lá bateie na ganga rude o ouro da lei.

Se andam eles, hoje, vazios de idéias, e desorientados, é porque procedem de maneira exatamente inversa. Homero, Plotino, Fídias, Praxíteles, Aristófanes não se metiam no Trianon a pasmar diante da lépida Maria Antonieta masculina que ali nos inicia nos altos mistérios da alta goma. Nem iam todas as noites nhambiquarar em francês diante de uma garrafa de champanha, rodeados de várias *bonnes a tout faire* de Marselha, transfeitas em parisienses montmartrinas *ad usum* fazendeiros do Jaú em fim de safra.

Freqüentavam o povo, conviviam com ele, impregnavam-se das suas crenças, ouviam-lhe as histórias; e saíam dele cheios de idéias, de formas, de coragem, de inspiração.

Procedamos assim. A fonte de água pura é uma só, e a mesma, na Grécia, na França, na Rússia e no Brasil: o povo.

* * *

Das nossas criações populares a mais original é o Saci-pererê. Vem do autóctone que lhe deu o nome atual, corruptela de Çaa cy perereg."

> Não ficou provado, antes, parece, que é criação exclusiva do negro. A filiação do nome corre por

conta do senhor Oliveira Lopes, autoridade em tupi-guarani e línguas adjacentes.

"Sofreu o influxo do africano, passando de caboclinho a molecote. Modificou-se por injunção da psíquica portuguesa. O mestiço meteu nele muita coisa de seu.

Acabará ainda sofrendo a influência do italiano, talvez... E destarte, sempre vivo, evoluindo sempre, o Saci que povoou de sonhos a filharada de Tomé de Sousa chegou até nós; e apesar do automóvel e do senhor Vicente Rosatti, inda convive com as nossas crianças nas cidades e com o sertanejo na roça.

Não há menino que em dia de vento não arregale o olho para um redemoinho de poeira e não 'veja' nele, com os olhos da sugestão, o moleque de uma perna só. Como não há tropeiro que ao pegar um animal no pasto, vendo-lhe a crina entrançada e uma sugadela de morcego no pescoço, não murmure entre colérico e apreensivo:

— Dianho de negrinho safado! Eu ainda acabo botando um bentinho nesta égua.

Esta persistência denota que o duendezinho representa uma necessidade psicológica, talvez a de explicar inúmeros fenômenos cujas causas naturais escapam à compreensão do homem inculto.

Filho da imaginação coletiva, o Saci é uma resultante psíquica do nosso povo. É digno de estudo como todas as suas outras manifestações originais.

Estudemo-lo, pois.

Aos frívolos parecerá frívolo, e até pilhérico, dar atenção ao Saci e consagrar a esse moleque um tempo precioso que podia ser consumido em dissertações sobre o caso Dantas-Borba.

Se valesse a pena argumentar com um frívolo, dir-lhe-íamos que todas as manifestações da psíquica coletiva de um povo têm igual valor perante a ciência; e é estudando tais manifestações que poderemos conhecer o povo; que o conhecimento traz a compreensão, e a compreensão traz o amor; que...

Mas que tolice! O frívolo que vá fazer goma alta no Trianon, ou quedar em atitude de bonzo diante de uma Pommery como se dentro da zurrapa temperada no Bom Retiro estivesse, em dissolução gasosa, o Fim Último das Coisas. E que lá impe de Luís XVI à paisana com as peninhas da tanga só visíveis a quem tenha olhos armados de raios X. E que apodreça de *chic* sob o olho esperto de Maria Antonieta. Sua alma, sua palma.

Façamos nós outros a arte sadia, e façamos ciência sem o perceber.

O *Estadinho* abre suas colunas para esta investigação e pede aos seus leitores um depoimento honesto:

1º) sobre a sua concepção pessoal do Saci; como a recebeu na sua infância; de quem a recebeu; que papel representou tal crendice na sua vida etc.;

2º) qual a forma atual da crendice na zona em que reside;

3º) que histórias e casos interessantes, 'passados ou ouvidos', sabe a respeito do Saci.

L."[5]

E assim, aberto o inquérito, foram os sacizantes comemorar o feito no Trianon e morreram de inveja dum fazendeiro de Jaú que tinha ao lado uma linda francesa que, se não era do "faubourg de São Germain", era, pelo menos, de Batignoles.

[5] *Lobato. Nota desta edição.*

O primeiro depoimento

Mandou-o uma senhora de 25 lindas primaveras,
a qual, após os cumprimentos do estilo, falou assim:

"O Saci-perrerê!...
Já lá vão 25 anos:

Eu tinha então 4 auroras; era bem essa a minha idade. Naquele tempo as crianças eram só crianças. Tempo ditoso! Não iam ao teatro nem a bailes de embaixada nem a nada. Mas à noitinha, enquanto o *papá* ia ao *club* e a *maman* examinava as contas da cozinheira, as crianças em torno da saia ouviam interessadas as histórias de Pedro Malazarte, da formiguinha e do João e Maria...

Porém... deixemos as divagações.

Meu pai não ia a *clubs*; e a mamãe não tinha criadas; era ela quem à noite, enquanto a senhora e o senhor iam ao teatro, cuidava dos meninos e os adormecia embalados nos seus contos singelos. A inocência não tem hierarquias; por isso, ao lado dos pequenos Henrique, Pimpolho, Olga e Nenê, esta bem pequenina e com direito ao colo da sua velha Ana, nós outros, assentados em torno no tapete, íamos ouvindo, ouvindo, até que vencidos pelo sono, cada um ia carregado para o leito sorrindo a dormir...

Foi nesses sertões inesquecíveis que ouvi mil vezes a descrição do Saci-pererê, que era o calmante ministrado por mamãe às crianças quando à saída da senhora elas se punham a choramingar.

E dizia-nos então a doce criatura que o Saci era um diabinho muito peludo, muito vivo e travesso; andava sempre de camisa vermelha e tinha uma perna só. A sua profissão era carregar para uma mata muito distante as crianças desobedientes e manhosas. Daí o efeito mágico das duas palavras quando um de nós chorava ou fazia travessuras. Sobre mim a influência do Saci foi terrível até há bem poucos anos. A mínima sombra em qualquer canto já eu via o Saci.

Se me aproximava de uma janela à noite e olhava a massa de arvoredos do parque, via exércitos, legiões de sacis a executarem uma dança de saltos sob a folhagem: então eu cobria o rosto com as mãos ou corria a sentar-me no meio de todos.

Às vezes mandavam-me à chácara por qualquer coisa; de repente parecia-me que um Saci vinha pulando atrás de mim; eu queria correr; parecia-me entretanto que ele dizia: – Se corres é pior! – Eu obedecia, mas apressava o passo; ele imitava-me; eu temia ser agarrada, apressava mais; ele fazia o mesmo, eu perdia a tramontana e quando não gritava a plenos pulmões corria cegamente e supunha que ele já ia alcançar-me; já estava perto... estendia a mão...

Mas nesse instante eu entrava em casa como uma bala, desgrenhada, ofegante e batia a porta no nariz do Saci...

Uma vez, para fugir do Saci, não tendo já forças para alcançar a porta da copa, atirei-me pela primeira porta que encontrei diante de mim e fui cair dentro de um tanque destinado a exercícios de natação.

O papai, que também contava muitas histórias de viagens a cavalo pelos sertões de Minas, de Goiás e à Corte, contou-nos uma vez que certa noite ele ia de Paracatu para Ouro Preto em companhia de seu amo, que era juiz de direito; como se fazia tarde, e eles estavam muito longe do termo da viagem, os animais afrouxavam cansadíssimos e o tempo anunciasse tempestade, Nhonhô, a quem Deus haja, resolveu pernoitar no caminho, pelo que se dirigiram a uma fazenda, cujo nome já não me lembro. Depois da ceia, a mucama encarregada de tratar dos hóspedes indicou ao papai onde devia dormir. Era, dizia ele, uma grande sala, onde os crioulos faziam o serão e em torno da qual havia uma porção de barris cheios de uma bebida que em Minas se usava muito como refresco – é pena que eu tenha esquecido o nome! Arranjado o leito com as mantas, ponche etc., o papai, que era muito católico, rezou o seu terço num rosário de contas de capim e preparou-se para dormir. O sono, todavia, não vinha, e ele estava apenas em modorra quando a porta se abriu e começou a entrar na sala um bando de sacis; até aí a história do papai estava de acordo com o que já tínhamos ouvido a muita gente. O que nos pôs boquiabertos foi o fim da história: segundo papai, os sacis, sem fazer a mínima bulha, foram a todos os barris de refresco, beberam de todos e em seguida puseram-se a dançar; mas, terminada a dança, foram de novo aos barris e... lá depuseram o que haviam bebido...

O tio Raimundo, que então tinha uma fazendola em Rio Claro, contava-nos sempre que os sacis faziam muitos estragos na roça; assim, quando era tempo de milho verde, eles vinham em bandos roubar espigas e quebravam todos os pés de milho. Quando entravam no plantio, um ficava à espreita. Ao mínimo aviso o bando afastava-se com a rapidez do raio, enchendo os ares com o seu assobio zombeteiro. Dizia-nos ainda o titio que eles gostavam imensamente de andar a cavalo. Apenas em vez de montar como todos montam habitualmente, achava o titio que eles faziam a cauda do animal de rédea obrigando-o a correr toda a noite. Pela manhã o animal ou os animais eram encontrados exaustos, a crina toda embaraçada, às vezes machucados...

Quanto a isso ainda há poucos anos, em 1905, quando o 'Moleque', a montaria do papai, vinha para casa cheio de carrapichos, arfando de cansaço, relinchando penosamente, o papá dizia logo: – Foi Saci que o montou."

Depoimento número 2

O senhor H. Q., iniciais que parecem ocultar o autor de interessantíssima monografia sobre a Mococa, falou em seguida e concluiu referindo-se a uma caricatura em bronze, exposta na montra da Light por esses dias. Acharam uns muita graça na alusão, outros, porém, franziam a testa. A maioria aguarda uma certa eleição para tomar partido.

"Muito, muito viva tenho ainda
a concepção do Saci... e eu já fiz os meus 50.

Quem me contou, há mais de 40 anos a história, ou, melhor, as histórias dele, do capetinha, foi minha mãe, foi a Vuvó da Chácara, Tia Marinha, Tia Chica, foi a velha Teodora...

Ele era um negrinho muito magro, muito esperto, de uma perna só, do tamanho de um menino de 12 anos, muito feio, benguela, olhos vivos, rindo sempre um riso velhaco de corretor de praça, carapinha grande, a saltar e a saltar e a fazer peraltagens ruins.

O Saci gorava ninhadas, queimava o balão, comia piruá da pipoca.

O doido que tinha o topete de viajar em noite de sexta-feira, à meia-noite salta-lhe à garupa o Saci e o punga lerdo virava um passarinheiro dos diabos.

Embaraçava a crina e a cauda dos cavalos.

Emperrava as porteiras, que não rangiam mais, tanto que, para espantá-lo, a gente furava uma cruz no mourão.

E, saltando sempre, sua fala era assim:

'Saci, saterê nhangu!'

Andava só de noite, mas de dia se mostrava no redemoinho do vento, levantando poeira e firmando o 'corropio', diluindo-se no ar.

Também virava, quando estava triste, num passarinho,

muito triste também, que canta no fundo das capoeiras escuras, com o sol quente, uma cantiga nostálgica, repetida de cinco em cinco minutos:

'Sa...ci!'

Passarinho que o caboclo não atira porque a pica-pau fica espalhadeira; e que eu não tento descrever, porque o doutor Silveira disse dele coisas inexcedíveis.

O Saci era assim.

Não me metia medo, não.

Até parece que o mesmo desejo que eu tinha de fazer camaradagem com os meninos dos cavalinhos tinha também de.... que digo!, de ver o Saci, falar com ele e até colaborar com ele, quebrando, a pedradas, as vidraças do Coronel José Inácio, ao lado do beco.

Não, não tinha medo do Saci.

Agora, das histórias de 'sombrações', que contava o Zé Camilo, oficial de justiça, bebericando cachaça na venda do falecido Seu Leopoldo, histórias que eu ouvia, quando ia comprar 'um cobre' de cocada, em companhia de um dos atuais e mais distintos membros da Academia Paulista, isso sim!

Histórias de arrepiar!...

Eu ia para casa apavorado, premeditando insônias e fantásticas dores de dentes, para poder chamar minha mãe, quando o pavor chegava ao auge, às tantas da noite.

E ela vinha, coitada, com umas bolinhas de algodão embebidas de água florida, mais curando o meu medo que o meu dente.

Essas, sim, essas é que metiam medo, as histórias do velho mulato, o Zé Camilo.

Como a Mula-sem-cabeça, botando fogo pelos olhos, que foi, na vida, moça de padre e que andava macabramente galopando à noite, pelos espigões; o 'lobis-homem', um cachorrão de orelhas enormes, que batiam *'tlac-tlac'* quando ele corria; um bicho fantástico que ceiava o que caía embaixo do poleiro das galinhas e tantas outras crendices populares, o Saci só andava em noites de sextas-feiras.

E era por isso que não se faziam rosca doce, biscoitos e furrundum, de sexta para sábado, que a rosca azedava, o biscoito não crescia e furrundum não tomava ponto... intervenções do peste do Saci.

Isso tudo era lá... lá no tempo, há mais de 40 anos; e lá... lá na distância, em uma saudosa cidade do sul de Minas.

Que agora, responder a uma das questões da investigação:
– 'Qual a forma atual da crendice na zona em que reside?'.

Saci em São Paulo?! Um menino de 8 a 10 anos em São Paulo não sabe o que é Saci; se se lhe falar no bichinho, ele pensa que é uma espanholita de *cabaret*, da qual o irmão mais velho fala, sempre, à mesa, ao jantar.

O Saci do meu tempo cheirava a enxofre, esse cheira a éter, sabe a cocaína e produz tiros no ouvido. Não há Saci em São Paulo. Ou, melhor, há, mas ele não é um mito, uma crendice popular, uma ficção; é uma realidade em carne e osso e também materialista no bronze; quem quiser vá vê-lo, que ele lá está, na vitrina do *Estado*, pernas cruzadas, braços no peito, de óculos, cartola ao lado...

E... Saci perigoso!

Saci, que tem mandinga!..."

Depoimento do senhor
Plínio Santos, de
Ribeirão Preto

"Foi há muitos anos...
Eu era pequenino, mas era endiabrado como as mais endiabradas crianças criadas na roça. Levantava-me cedo, mal o dia despontava, e, depois de beber um copo de leite da vaca mungida ao pé da porta da cozinha, sumia de casa, para só voltar à hora do almoço e, às vezes, só para dormir...

Já estava taludote – contava cerca de 7 anos. Foi tomado um professor, um velho tio, irmão de meu pai, para ensinar as primeiras letras a mim, a um irmão e dois ou três primos. Não liguei às ordens recebidas para estudar. Sem atender a conselhos e a ralhos, continuei na minha vida de correrias. O professor, um dia, logo que me levantei, chamou-me para dar um passeio com ele e os meus companheiros de infância. Ao transpormos uma porteira, logo à saída do curral grande, vimos quatro ou cinco animais, dentre os quais um estava com uma trança na crina, em forma de estribo, e com uma ferida no pescoço vertendo sangue. Intrigado com isso, pedi explicação ao professor:

– Foi o Saci-pererê... Nunca o viu?... Pois, ele é um diabinho de teu tamanho, esperto como azougue, pretinho como o Teotônio (o Teotônio era um moleque meu companheiro de travessuras), que anda sempre vestido de vermelho e tem uma perna só e um rabinho muito fino... À noite, quando os animais estão no campo dormitando, ele trepa no pescoço de um deles, faz uma trança na crina, para segurar-se, e suga-lhe o sangue, que é o seu alimento preferido... É preciso ter cuidado com o Saci... Ele persegue as crianças, principalmente nos dias de vento, quando aparece envolvido nos 'rodamoinhos' de poeira...

Voltei do passeio intrigado com a explicação do professor. À noite custei a conciliar o sono. Por fim, de cansado, dormi. Sonhei com o Saci. Ele se me apresentou como um diabinho carnavalesco que, no Rio de Janeiro, nesse mesmo ano, dera-me uma lambada com o rabo ao passar perto de mim numa carreira doida...

No dia seguinte não saí cedo. Fui estudar. Na hora do recreio convidei os companheiros para irmos ao terreiro ver o Saci. Não esperamos muito. O vento soprava forte. Os 'rodamoinhos' se sucediam, elevando ao ar, aos turbilhões, nas suas espirais revoltas, fragmentos de papel e folhas secas. De repente, ao se formar ao pé de nós um grande 'rodamoinho', gritei para os companheiros:

– Olhem o Saci! – E corremos todos para casa, aterrorizados.

Era o Saci mesmo, o moleque pretinho, parecido com o Teotônio, de roupa vermelha, com uma perna só... Era a mesma figurinha descrita pelo professor e vista no meu sonho.

De então em diante fui bom aluno... pela assiduidade. Não me aventurava, por nada, a sair sem os companheiros e eles, mais velhos do que eu, eram bons estudantes...

Certa vez, conversando com um camarada baiano, o Moreira, disse-me ele que era muito fácil pegar o Saci. Para isso bastava jogar um rosário bento no 'rodamoinho'...

E isso tornou-se-me idéia fixa. Ter o Saci preso! Que ventura para mim! Demais, sabia pelo camarada que o Saci prisioneiro torna-se dócil e muito útil... Na primeira oportunidade apoderei-me de um rosário encontrado numa gaveta e convidei os companheiros para a caça ao Saci. A ventania soprava. Formou-se perto de nós um 'rodamoinho'. Atirei o rosário. Nada. O Saci continuou a voltar, fazendo caretas... Atirei o rosário outras vezes, noutros 'rodamoinhos', e sempre sem resultado... Desesperei de pegar o Saci. Voltamos para casa e coloquei o rosário na gaveta.

Um dia apareceu em casa um padre, e uma velha tia foi à gaveta tirar o rosário para ser benzido...

Foi por isso que não peguei o Saci – o rosário ainda era pagão...

Há muito tempo não ouço falar no Saci. Rara é a criança, nestas redondezas, que lhe sabe da existência. Isso, com certeza, é porque outros mais felizes do que eu se utilizaram do rosário bento e conseguiram prender o 'desgramado'..."

Depoimento de Manuel da Barroca

Este senhor, pelos modos, e apesar de assinar-se Mané, é homem da cidade, e escovadíssimo. Depõe em tom dialetal como quem o conhece a fundo. É dos tais que aumenta um ponto quando conta um conto...

"Eu tive lendo no seu jornásinho ua istoria de Saci Ceperé e vancês pede informaçãos sobre a respeito do tarsinho. Me descurpe falá na nossa linguage de rocêro, proque eu nunca não afrequentei iscóla; ma aprendi assassiná meu nome.

Aqui das nossas banda exeste muito desse sogeitinho; é verdade, ele exeste e aparece as veis pr'a gente; u mémo quando éra mais menó, vi de ua feita um tinhosinho desse; eu tava carpinando um feijãosinho que nois prantemo, na berada de ua estrada veia que descanba pra casa de um tar Joaquim Porquêro; quando se não quando, eu escuitei um baruinho um arrastadinho de saia de muié ansim na beradinha do caminho, garrei a oiá firme pra o tar baruinho; se formô-se ua coisa que nois chama 'rodamoinho', bem no meio da estrada, alevantava as foia de mato pra o ar; ao depois que aserenô mais aquela coisa, eu vi cum estes óio da minha cara, um dianho de um negrinho, de carapuça vermeia, cum uma perna só, co os óio que nem braza, dando muita risada e pulava de ua banda pra ôtra, batendo as parma; ele tem o jeito de um criolinho tal e quá; inton-se meus cabelos ficó tudo arripiado que nem pêlo de porco; eu se alembrei que nhá mãen contava pra nóis que já tinha topado ua incasião um dianho desse; neste sufragante o tinhoso sartô pra riba de mim égua que tava pastando ao pé da estrada, inrolô as crina da sobre dita égua, feiz como um estrivo e feiz a égua saí nua despara que parecia o dianho; a égua garrô a estrada pra banda de casa pra vê se escapava daquele lucifézinho; eu deparei de atrais inté perto quagi do pastinho de casa; ahi eu vi ôtra veiz o tar 'rodamoinho' no caminho ao pé de mim que quagi me suspendeu pra riba; o tar sortô ua risada no meu ovido, e se sumiu; a égua tava no terrero de casa bem sossegada e cum a crina tão imbruiada que foi perciso inté cortá. A cada passinho vancê óve contá que ele aparece; dizem os antigo, que esse tar Saci é fio dos vento, mais só qué brincá, nunca não feiz mar pra ninguém; mais que exeste é verdade."

Depoimento de
André Capeta

"Há, no Brasil, muita coisa digna de ser estudada para justa contribuição do nosso *folk-lore*.

O africano, o bugre e o português, na fusão das três raças predominantes, criaram entidades mitológicas, crenças absurdas que nos vêm dos tempos coloniais, passando de pais a filhos e de geração a geração.

O Saci-cererê ou pererê é pintado com o abdômen muito desenvolvido, perneta, tendo em uma das mãos o inseparável cachimbinho de barro. Dizem os sertanejos que o Saci tem o tamanho de um macaco, é travesso como ele e para pular leva-lhe vantagem.

Quem desconhece as façanhas do Saci-cererê no sertão? Ninguém. É ele, na ingênua concepção do caboclo, o negrinho endiabrado que sai à noite assobiando pelos ínvios atalhos ou 'carreadores' desertos, pulando prodigiosamente num pé só; é Saci o barrigudinho moleque pigmeu que assalta, a desoras, o incauto viandante nas estradas solitárias do sertão pedindo-lhe fumo e fogo e mostrando-lhe dois olhinhos muito brilhantes e os dentinhos pontiagudos; diz o caboclo convencido: ai daquele que recusar satisfazê-lo! O Saci faz tanta cócega na gente que se morre de rir!

Nos sítios, quando o caipira ouve, pela calada da noite, um assobio estridente vir da mata próxima, diz que é o grito do 'dianho' Saci-cererê e persignando: 'Cruz, credo, canhoto, vá pros quintos, mardito...'.

O caboclo, à noite, quando sossegado na beatífica paz do rancho ouve a 'correria estúrdia da alimalada no potrêro' diz resmoneando que é o Saci que anda 'amuntando' no pescoço do baio mais 'gavião' que nem chega no 'imborná'.

Um caipira 'vaqueano' nos matos embrenhados de Igarapava contou-me certo dia que o pouso da fazenda na Rancharia estava abandonado porque os sacis eram tantos que não deixavam os animais descansar; parecia 'inté uma cavalhada desbragada' toda a noite, cruz, credo!, quando 'garrava' clarear, quando a barra do dia vinha aparecendo, os 'alimá' ficavam sossegados, porém, desbarrigados, com o 'vasilho' no fundo e molhados de suor que fazia pena!

Os tropeiros de Uberaba, Araguari, Rio Claro, Catalão e mesmo até os da Bagagem refugavam o pouso fatídico e diziam em anexim que ficou divulgado:

> Quem dorme na Rancharia
> Não tem alimá p'otro dia

Em M'boy, aqui em São Paulo, ouvi há pouco tempo um velho caipira dar um original conselho ao afilhado:

– Tonico – disse o 'dindinho' ao caboclo de barba rala de cará-mimoso –, corte a crina do seu 'pangaré', pra mór de o Saci deixá o alimá em paz.

O 'pangaré' do nhô Tonico depois de tosado engordou, ficou 'gavião' e tão 'cavorteiro' que nem cerca de arame farpado respeitava.

Um dia o astuto João Batuíra encontrou-se com o afilhado e disse-lhe com muita graça: – O pangaré que tava qui nem pulêro de carancho ficô bunito depois que o Saci perdeu o estribo...".

Depoimento do senhor N. Carneiro

Este senhor viu o Saci com os olhos que a terra
há de comer. Viu-o em criança e viu-o em adulto.
E o senhor Conselheiro Acácio tem o topete de
acoimar o Saci de "superstição grosseira"! Uma
criatura que o senhor Carneiro "viu"!
Em agosto do ano transato, viajando ele pela
Ribeira, na lancha Prainha, como esta abicasse
para pernoite, o senhor Carneiro desembarcou e
foi procurar abrigo numa palhoça próxima.
A noite estava de breu e ele, esquecido das impressões infantis, saiu a espairecer nas trevas. Estava
absorto, em uma moita, a ouvir a única estrela
lucilante no céu, quando dá com um Saci na sua
frente. Estarrecido de pavor grita: "Cruz credo!
Valei-me Senhor Bom Jesus!".
O capetinha abriu, mas até hoje o senhor Carneiro
conserva nítido no ouvido o assobio agudíssimo que o
moleque desferiu: "Saci-perê-sem-fim...".
Na sua infância, em Iguape, foi muito
perseguido por eles. Afirma sob palavra de honra
que até aos 13 anos foi vítima de vários encontros
com o diabinho. No caminho do porto da Ribeira,
no largo das Dores, ao pé do cemitério, no largo
de São Francisco, eram freqüentes tais encontros.
Certa vez, no largo de Santa Cruz, vinha ele com
um pote d'água à cabeça, quando um Saci cavalgando em pêlo o surpreendeu. Ninguém imagina,
diz ele, a corrida emocionante, desvairada, só
comparável aos antigos pegas entre Guayanaz e
Aventureiro, que eu dei para não ser agarrado!
A fim de evitar essa perseguição, começou a usar
no pescoço enormes rosários de capiá e olho-de-
cabra, e ainda boas rezas encastoadas. Diz ainda

"O Saci é um tipo *mignon*, preto, lustroso e
brilhante como o piche, não tem pêlo no corpo e nem à cabeça;
dois olhinhos vivos como os da cobra e vermelhos como os de

um rato-branco; a sua altura não passa de meio metro; possui dois braços curtos e carrega uma só perna, com esta pula que nem cutia e corre que nem veado, o nariz, boca e dentes igualam-se aos dos pretos americanos.

O Saci pratica fatos impagáveis, segundo estas narrações:

1ª

Contava o meu avô: – Uma vez, daquela outra banda do rio, ouvi que me chamavam pelo nome 'Seu Joaquim!'... 'Seu Joaquim!'... Era voz de gente... percebi. Escolhi o melhor varejão, embarquei na maior canoa e atravessei o rio que fica oposto ao meu sítio. Eram onze horas de uma noite clara como a água.

Quando lá cheguei nem uma alma vi! Chamei, assobiei, esperei, e cansado retrocedi. Era, então, meia-noite passada. A maré não tinha ainda subido e o varejão alcançava perfeitamente a areia, o rio, e a canoa, embora remada com força, custava a caminhar, como se estivesse carregada de chumbo! Lidei, suei e, empregando o maior esforço, consegui aportar no meu sítio; nem bem a canoa embicava no seu porto de atracação e já dela saltava – quem? – um Saci, um demônio em miniatura, que acabava de me pregar essa peça! Não podendo esse diabo atravessar a água, porque Deus disso o proibiu, valeu-se da minha canoa, do meu bom humor, para, cá, deste outro lado, vir judiar das minhas criações!

2ª

Contava minha tia: – Uma vez, nesta nossa casa, feita de barro e de jiçara, já esburacada de velha, precisei, altas horas da noite, ir ao quintal, acudir os cachorros que latiam sem cessar, como a pedir que alguém os socorresse de um malfeitor qualquer; mais que depressa enfiei a saia sobre a camisa e tonta de sono cheguei à cozinha e daí não passei; não pude passar! Um Saci, firme na porta, arreganhado, desdenhando da minha solicitude, pachola, teve para comigo esta frase: – 'Boa noite!, dona Evarista!'. Desmaiada, caí e, até hoje, não posso me recordar dessa figura exótica, sem um nojo, sem um asco, pois que ainda fede a enxofre!

3ª

Contava uma nossa agregada: – Eu, na minha profissão de pasteleira, costumava deixar feita a massa de um para outro dia. Porém, constantemente, a massa não era aproveitável, pois, no dia seguinte, a mesma se encontrava suja e com manchas sangüíneas. Aconselhada, sabedora que o autor dessa malvadez outro não era que o Saci, comecei a fazer na massa, que ficava de um para outro dia, uma enorme cruz traçada com os dedos. E deu tanto resultado essa medida que jamais o Saci ousou tocá-la com as mãos sujas e ensangüentadas. Mas, uma noite, escutem: eu cochilava sobre a mesa dos pastéis e, ao despertar, um Saci, de fisionomia alterada e agressiva, intimou-me: – 'Nhá Mônica! Amanhã me faça um pastel grande, grande, assim!', e abria os bracinhos, alongando-os, e ao mesmo tempo rindo-se, sarcasticamente, a valer!...

* * *

O Saci, segundo o que sei, tem poder sobre-humano, torna-se invisível quando quer, penetra nos lares pelo buraco das fechaduras e abre qualquer porta, embora esta permaneça amparada por tranca de pau ou de ferro, salvo se a mesma contém, como é de costume na roça, oração ou cruz pelo lado interior. O Saci é bom cavaleiro, gosta da montaria e escolhe, de preferência, o animal chucro ou por demais esperto e corredio; diverte-se em fazer na crina do animal trança, que nós, pobres mortais, para desfazê-la, perdemos, sem exagero, quase um dia inteiro; sova a cachorrada que o acua, deixando-a em mísero estado."

O depoimento de Conchas

Conchas falou por boca do senhor Benedito Gomide, o qual disserta sobre a crendice popular declarando que é um "espírito decididamente controverso às tradições imaginárias, abstratas, não crê absolutamente nas parlapatices dos nossos maiores". Cita a história de um fidalgo da corte de Luís XVI que, tomado de pavor, fugiu do palácio real de Versalhes perseguido por um Sacirocócó, e acrescenta que, se o fato não é real, deu-se pelo menos... nas imediações do palácio do rei...
E assim, nas asas dum calembur, faz uma involuntária zumbaia ao Trianon, cuja Maria Antonieta, entretanto, está aderindo ao movimento. Já meteu lá um sacizinho preto retinto, de barrete vermelho, a que chama chasseur, *e que de fato é um terrível* chasseur... *de níqueis.*

Depoimento de um lente de Psicologia e Pedagogia

O dr. Carlos Silveira depõe de São Carlos, de cuja Escola Normal é professor distinto.

"O Saci dos lugares em que passei a minha infância não era uma 'individualidade' fixa, antes pelo contrário apresentava certas variantes, ao sabor da fantasia dos narradores. Como, porém, eu residi durante a minha meninice em Queluz, Silveiras (de onde sou natural) e Pinheiros, pontos extremos do nordeste de São Paulo, é possível que as variantes da crendice proviessem da influência mineira principalmente e, um pouco, da fluminense. Aos 15 anos mudei-me para São Paulo e, como é natural, nunca mais ouvi falar da principal figura da nossa mitologia, numa cidade que se enche de 'ovos de Páscoa' e de 'lebres', por ocasião da Quaresma, ou de 'Papás Noel' encapotados, no pleno rigor do nosso estio. Mais tarde, o destino atirou-me para esta zona cafeeira e aqui, talvez pelo pouco tempo de moradia, na cidade exclusivamente, ainda não ouvi falar de nenhum Saci. Ignoro o estado da crendice na minha terra, mas é de presumir que não tenha variado, pois nem o elemento alienígena é tão forte, por aquelas bandas, nem outras causas existem concorrendo para esse fim.

Apesar de receber a crendice de gente desabusada em matéria de superstições, confesso que o duende, sendo eu menino, deu-me bastante medo, talvez por contágio do temor de outras crianças. A minha concepção pessoal do Saci era a de um sujeitinho cabuloso, arteiro, irrequieto, muito moleque, sendo todavia desprovido de maldade; gostava, sobretudo, de pregar peças aos... medrosos. Quanto à forma, diferia um pouco da criação de M. L. de Oliveira Filho por ser perneta à moda humana, isto é, com uma perna de um lado, sem contudo necessitar de muleta senão apenas de um pauzinho, mais ou menos como o 'homem da rodinha'. A respeito do traje as opiniões discordes apagaram a minha própria. Numa ocasião, dois fazendeiros discutiam sobre o Saci:

— Pois não tinha um jalequinho vermelho?
— Tinha, sim!
— Então não era Saci, era Saci-trique.

Do diálogo se infere que o Saci não usa roupa encarnada, privilégio, ao que parece, de uma outra entidade, quiçá de origem africana – o 'Saci-trique'."

Por estas alturas o senhor M. L. de O. F., partidário intransigente do nominativo "pererê", escamou-se contra o "trique" – rampa insidiosa capaz de, com a aproximação dos santos fogueteiros, originar a espécie nova e desmoralizadora do Saci-traque. Felizmente tal não aconteceu.

"Sei que o Saci faz diabruras por esse mundo afora; chupa animais nos pastos, implica com as cozinheiras apagando o lume, bulindo nos tições ou ainda destapando as panelas... Há tempos o senhor Edmundo Krug fez, na Associação Cristã de Moços, aí na capital, uma interessante conferência cheia de histórias do talzinho; eram de fazer rir. Caso original, se o conheço um, e é o seguinte:

Uma parenta minha, senhora de espírito e nada medrosa, estava um dia assentada na sua rede, num canto do quarto da velha chácara. Balançava-se ela lentamente e ia quase pegando no sono, pois o calor era forte, quando ouviu uma vozinha melíflua, entre afável e irônica:

— Boas tardes, como vai a senhora?

Minha parenta olhou e ficou estarrecida com a aparição. Ao seu lado, empertigado, lá estava o negrinho arreliento, com um ar superior de grande troça. A interpelada, surpresa e atemorizada, numa atrapalhação sem conta, nem respondeu sequer ao delicado cumprimento, pelo que o Saci (era ele em carne e osso!...) tornou:

– Até logo!

Aí, sim, é que a minha parenta quase teve uma síncope. Que 'ele' viesse uma vez, vá; mas prometer nova visita, com o seu 'até logo!', isto era mesmo de arrepiar os cabelos aos mais valentes...

Já lá vão, porém, longos anos, e, que eu saiba, o traquinas ainda não veio. Talvez até tenha morrido de alguma indigestão de *foiegras* no... Trianon!"

Saci assustando o preto, *aquarela de Norfini*

Depoimento de V. P. C.

Afirma não haver crianças desconhecedoras do Saci, cuja tradição lhes é transmitida pelas amas e crioulinhos. Famílias há, entretanto, nas capitais, cujos filhos são desnacionalizados desde o berço pelas amas estrangeiras. Os pequenos chupam um leite de galega para começar; guia-lhes os primeiros passos uma italiana; o desenvolvimento do espírito é norteado por governantas inglesas e alemãs, cujas histórias, se as contam, são coisas tendentes a desapegá-los da terra. Revolta-o esta xenomania. Quer cada roca com o seu fuso. Cita a Grécia. Cita Angiulli, recentemente posto em voga pelo senhor Adalgiso Pereira com grande mágoa do senhor Papaterra. E prova que para termos bons nacionalistas é mister criá-los do berço, com leite caracu, e sacis.

"Nascido no interior do estado do Rio ouço desde criança falar no Saci-pererê. Uma vez descreveram-me assim, essa coisa que não se sabe ser homem ou animal: – Pequeno, negro como azeviche, olhos grandes que parecem soltar chispas, tal é o seu brilho e a ligeireza com que se movem, o nariz é comprido e arrebitado; a boca parece mais uma caverna de fundo vermelho, que ao se abrir mostra duas fileiras de dentes horríveis, cortantes como navalhas; os cabelos e o bigode parecem fios de arame, tal é a sua dureza. Tem uma perna só e, visto de longe, assemelha-se a um moleque, desses que há em grande quantidade nas estradas e fazendas. Dizem mais: que o seu contato, além de asqueroso, oferece o perigo de queimar quem lhe cair sob as garras. O meio mais eficaz para afugentá-lo é, segundo dizem os fluminenses, chamar três vezes pela Virgem Maria, à qual ele tem um grande horror. Ouvi de um preto velho a seguinte história, que me deixava transido de medo, quando nas horas mortas da noite eu parecia ouvir a voz do Saci-pererê, que dizia: – 'Saci-pererê, minha perna dói como quê'. A história era mais ou menos assim:
– Uma noite – começou ele, dando à voz um acento ma-

cabro, tão usual nos do sertão –, eu vinha da casa de um compadre, cuja mulher estava à morte; a noite era tenebrosa, uma noite de inverno sem lua; um vento frio zunia, qual um gemido abafado, fazendo oscilar as grandes árvores da margem do caminho, que mais pareciam fantasmas, estendendo para o ar seus longos braços. Era medonho o espetáculo que se desenhava a meus olhos; ao som da meia-noite, ouvi longe, muito ao longe, a voz do Saci-pererê acompanhada do pio agoureiro da coruja, pousada no cemitério próximo. A besta na qual eu vinha montado, empinando as orelhas, estancou subitamente, tomada de grande pânico. Foi tal o meu medo que até perdi a voz, não podendo nem gritar, e sem ter força para sacar da garrucha, para fazer fogo naquele maldito moleque, saído dos quintos dos infernos (ao ouvirem semelhantes horrores todos os presentes se benzeram, e eu todo arrepiado agarrei-me às saias de minha mãe, não obstante já ter 7 anos). Ele continuou:

– Cada vez a voz se tornava mais clara, até que na dobra da estrada surgiram dois olhos de fogo – era o Saci. Diante do perigo recobrei ânimo e chamei três vezes por Maria; foi água na fervura; a peste do negro meteu o pé sem olhar para trás, até sumir por trás do muro branco do cemitério. A besta então, aproveitando a ocasião, largou numa carreira louca até a cidade, onde caiu morta de fadiga.

Desde esse dia nunca mais passei de noite pelo cemitério. Como já fossem horas de dormir, minha mãe levou-me para casa; tive um sono acidentado e vi em sonho a história contada pelo tio Damião."

Depoimento do senhor
João B. de Andrade

O senhor João B. de Andrade consulta um velho boiadeiro, Nhô Vadô Rodrigues, e manda a versão do caboclo em dialeto: traduzimo-la para mais fácil leitura. O senhor Vadô não concorda com o Saci do Poá. Não está certo. O Saci bota fogo pelos olhos, como a Mula-sem-cabeça bota fumaça pelas ventas. Já viu rasto do moleque: é que nem rasto de antinha nova, tem três casquinhos. A cuinha que ele traz na cabeça é pintada de urucu e alumia; o resto do corpo é tiziu de uma vez. Há um Saci caseiro, tentador das moças, chamado taterê; quase igualzinho ao outro, é, porém, maior, e mais varado, e anda sempre petequeando uma brasa que cai pelo furo du'a mão n'outra. Anda nu, tem barbica de cabrito desmamado, beiço vermelho e traz a língua de fora. O taterê tem cara de piá, usa camisa, tem cor de formiga e não tem espora. Em Minas há um muito reinador que atenta os garimpeiros, vira os corumbés, esconde a matula, é trelador com as moças e apadrinhador de casamentos. Um faiscador seu compadre disse-lhe que se chamava essa espécie sacerê. Também usa calças de algodão e entra n'água sem se molhar.

Depoimento do senhor
João Lobo

"Um caboclo velho, Reginaldo, caçador profissional, levava uma vida nômade: quinze dias em uma fazenda, quinze dias em outra, só se ocupando de caçadas e contando histórias à noite. Bom homem, em extremo paciente, era estimado de todos e em toda parte bem recebido, deixando sempre saudades quando saía. Muito gordo (hidrópico), sentia em excesso os efeitos do calor, de modo que, a não ser no inverno, só viajava à noite e 'a passo' porque nenhum animal seria capaz de o transportar uma légua 'a trote ou marcha'.

Certa vez, como de costume, o nosso Reginaldo mudou de pouso, tendo de fazer à noite umas cinco léguas, 'daquelas mineiras' de espichar o beiço. A certa altura, num vargedo comprido, onde o caminho era margeado de macega, o nosso herói viu cair o freio da boca do animal, ficando-lhe suspenso pela rédea. O animal, manso, paciente, habituado já com a pachorra do dono, estacou. O homem desceu, examinou a cabeçada e achou tudo em ordem: nem uma tira de sola partida. Achou o caso original, olhou para um e outro lado, nada viu, repôs o freio e continuou. Pouco adiante, *trin-tilin-trin*, tornou a cair o freio: novo exame, nova inspeção, tudo em vão.

O homem montou novamente, mas agora olhando atento para todos os lados; queria ver de onde partia a 'brincadeira'. A lua estava 'que nem dia'; o campo era mais limpo e ninguém se poderia ocultar à margem do caminho sem ser pressentido. Dois passos mais e *trin-tilin-trin* – lá se foi outra vez o freio ao chão.

O Reginaldo era corajoso, mas, confessava, dessa vez os cabelos lhe arrepiaram, e, como o herói do poeta lusitano, que cantava pelas estradas para espantar o medo, gritou a todos os pulmões: – 'Isto será o Diabo?'.

Uma estridente gargalhada respondeu-lhe ao lado. Olhou e viu num secular toco de peroba, que as queimas periódicas não tinham conseguido destruir, um molecote preto, de beiços vermelhos como açafrão, de cócoras, a rir perdidamente. Um sinal-da-cruz, a exposição de um bentinho que nunca abandonou, fez o milagre: o Saci desapareceu e o homem concluiu a viagem.

De outro fato me lembro e este por muito tempo exerceu sobre mim influência maléfica porque se passou perto de casa e me trazia em constantes sobressaltos. Meu pai mandou certa tarde, já ao anoitecer, um empregado (camarada, como lá dizíamos) à fazenda de um vizinho (cerca de duas léguas) ver uma coisa qualquer. O homem demorou-se na prosa e regressou já depois de onze horas. Estávamos dormindo e acordamos em sobressaltos aos seus gritos. Chegou extenuado e só passados momentos pôde coordenar as idéias. Ao passar a mata virgem, ponto divisório das duas fazendas, o moleque pulou-lhe na garupa e cruzou-lhe as mãos no 'imbigo'. O cavalo bufou e disparou. Ao abrir a primeira porteira olhou para trás: o 'capeta' estava firme e gritou: – 'Toca depressa'. Daí veio aos berros até a casa. E o fato é que o cavalo estava extenuado, escorrendo suor como uma bica d'água.

Outro empregado da casa, que dormia num jirau, embaixo do sobrado, num cômodo térreo em cujo centro acendia fogo todas as noites, contava que certa noite foi violentamente agitado por um assobio, estridente como nunca vira, que lhe entrara pelo ouvido direito e saíra pelo esquerdo. Assentou-se na cama. O braseiro estava ainda muito vivo, dando relativa claridade ao aposento. Nada viu, mas o tropel dos animais em torno do curral denunciava qualquer coisa de anormal. Dispunha-se a levantar para ver se algum ladrão tentava uma sortida, quando a porta se abriu e o Saci entrou: era um moleque retinto, simpático, de lábios muito vermelhos e calças arregaçadas, e foi logo assentando-se no chão, ao pé do fogo. Pegou de uma brasa e começou a brincar com ela, atirando-a de uma para outra mão. Como se sabe, o Saci tem a mão furada e quando a brasa acertava no furo, caindo ao chão, ele dava uma gargalhada e olhava para o seu vizinho, encolhido na cama, hirto de medo. O homem suava e não podia gritar porque a língua estava pregada. Afinal, num esforço supremo, ergueu-se e começou a fazer o 'Creio em Deus Padre' em cruz (Credo).

O Saci ergueu-se, fitou-o desta vez muito sério, deu um novo assobio ainda mais forte e desapareceu."

Depoimento do senhor
Miguel Milano

Na São Paulo antiga havia tanto Saci como no sertão. O senhor Milano, legionário em menino de uma famosa saparia do Piques, o documenta.

"Há já cinco lustros, morava eu na ladeira do Piques, hoje Coronel Quirino de Andrade.

Por esse tempo a rua da Consolação prolongava-se, como agora, até Pinheiros, e era pontilhada aqui e ali de velhas habitações, as quais deixavam entre si largos tratos de terreno inculto e desabitado, cada um tendo a sua história de fantasmas.

Entre a Consolação e o bairro do Bexiga havia vale profundo, sulcado pelo Anhangabaú, vale que se explanava com ligeiro declive, pouco acima do tanque do Bexiga até o 'Redondo', para continuar mais ou menos acidentado pela avenida Paulista e Vila Buarque, vestido de uma vegetação que, não sendo luxuriante, apresentava-se, contudo, cerrada e cheia de vida.

Era ali, naquele enorme trecho, coberto hoje de casas nobres, que exercia seu predomínio a 'saparia' do Piques – de que eu fazia parte – e onde desenvolveram a sua irrequieta 'atividade' infantil muitos dos mais conspícuos personagens do nosso atual mundo político.

Então, os caipiras que desciam à cidade, para mercadejar, não iam além da venda do Coronel Quirino – contígua à de meus pais – ou, quando muito, faziam ponto no largo do Piques, em pequena ponte de madeira que já não existe.

Foi numa destas tropas de caipiras, sentado ao pé deles e com eles almoçando a deliciosa farofa de carne e farinha de mandioca, que, pela primeira vez, ouvi falar do 'Saci-pererê'.

Segundo o testemunho de um velho caipira de barbas longas e ralas, a quem coube narrar o caso, e que jurara sobre uma cruz feita pelos dedos indicadores, de como tinha visto e quase 'amarrado' um deles com rosário, o Saci não passava de um miúdo negrinho – cara de macaco, muito delambido –, filho do diabo, dotado de uma perna só, com cauda regular, e que desenvolvia uma velocidade superior à de um cavalo.

– O dianho do tiziu não corre, avoa – contava o caipira, arregalando os pequeninos olhos –; e quando 'amunta' num cavalo, o pobre bicho sente 'tar' peso que não vai nem pra diante, nem pra 'trais'. Despoi ele faiz uma porção de trancinha no rabo do animá, faiz ele corrê pra tuda parte, sempre amuntado em cima, e só larga o coitado despôi de derreado.

E prosseguiu.

– Ói minino, vancê já não ôviu ele cantá de tardinha 'sáci, sáci'? Pois é ele que anda em procura dos minino que vai caçá passarinho e escangaiá os ninho, pra mór de enfiá eles num buraco muito fundo e judiá deles. E quando ele encontra muié, meu fio, faiz um estrago desgramado. A muié de Nhô Chico chegou em casa dela com as rôpa tudo rasgada e percisou rapá o cabelo, de tanto que ele judiou dela. Eu percisei, ôtro dia, cortá o rabo da minha russa.

E aqui parou o velho caipira, desviando a conversa para outro rumo.

Efetivamente, muitas vezes ouvira próximo de mim, quando no campo, os pausados sons de uma ave, como a dizer 'sa-ci, sa-ci' e sempre ao cair da tarde; mas, se bem que profundamente impressionado, quis ouvir os companheiros mais velhos, e estes confirmaram o que dissera o caipira, adiantando mais outra passagem.

– Você não viu ainda o 'rodamoinho' que o vento faz, levantando um 'monte' de poeira do chão?

– Sim.

– Pois é o Saci que está furioso, e faz aquilo.

– ...!

– É. Olhe, um dia que ele se zangue, você verá o Saci.

– Como!?

– De um modo bem simples. Quando o 'rodamoinho' se forma, a gente faz uma cruz, com um rosário benzido, no meio dele, e deixa-o ali ficar. O 'rodamoinho' pára, o pó desce, o Saci aparece, começando a dançar. O rosário o deterá ali por muitas horas, se ninguém o socorrer; mas, à meia-noite, ajudado pelo diabo – seu pai –, ele consegue livrar-se e... pobre de quem o prendeu, se algum dia lhe cair às mãos!

Esta experiência, feita muitas vezes pelos mais valentes da 'troça', em presença dos medrosos que se conservaram a distância, jamais deu o resultado almejado. Mas encontrou-se sempre um quê de defeituoso no trabalho, razão por que a crença criara raízes fundas, a ponto de, muitas vezes, na caça de passarinhos, o campo se nos afigurar pequeniníssimo, tal a fúria com que o percorríamos, acossados pelo canto da ave misteriosa: 'sa-ci, sa-ci!'.

Gaiolas, alçapões, laços, visgos, tudo já ficava largado no meio do mato sem que nos atrevêssemos a ir em sua procura.

Naquele tempo, pelas bandas do Piques, o Saci era até o protetor dos ninhos de passarinhos; hoje, que a lenda quase desapareceu, a criançada perversa e má leva o seu atrevimento ao ponto de, nas ruas da nossa metrópole, matar as pobres avezinhas com 'estilingues', diante dos indiferentes olhares dos nossos *policemen*!...

Passaram-se tantos anos e, ainda hoje, ao rabiscar estas linhas, o cadenciado cantar da ave que parece dizer 'sa-ci, sa-ci' trouxe-me ao coração a doce reminiscência de um passado cheio de encantos, passado que não mais voltará."

Depoimento do senhor
J. Pires

"Devo dizer que na minha infância o conheci por Saci-siriri. Fiz sobre o Saci a concepção de que tinha a forma humana – era um homem baixo, entroncado e forte; fisionomia ameaçadora, tinha uma perna mais comprida que a outra, tendo, por isso, o corpo pendido para o lado; braços muito curtos e vigorosos. Era, na cidade onde nasci, o pavor da criançada. Quem me contou da existência do Saci foram pretos velhos, ex-escravos de meus avós e tios-avós, que diziam ter visto o Saci e, muitos deles, contavam de lutas que travaram com o Saci e saíram vitoriosos ou porque veio alguém em seu socorro ou porque o Saci ouviu o latido de um cão ou o tropel de um animal. A aproximação de qualquer pessoa era o suficiente para o Saci desistir da luta e correr.

Há muito tempo que resido aqui, na capital, onde, parece, ninguém crê na existência do Saci.

Na cidade onde nasci e passei a minha infância, existia uma grande ponte que ligava a estação da estrada de ferro à cidade. Essa ponte era muito alta e comprida e, por baixo, era um grande charco cheio de mato. Diziam que era ali, debaixo da ponte, que morava o Saci.

Quando saía de casa, à tarde, tinha o cuidado de voltar antes que o sol se escondesse porque enquanto o sol estava de fora não havia perigo de o Saci aparecer e depois que o sol entrava não havia criança que, estando só, escapasse às iras do Saci!

Lembro-me de que uma vez demorei-me um pouco mais que o costume em casa do meu avô, onde ia todas as tardes e, para voltar à casa de meus pais, tinha de atravessar a ponte. Ia eu com muito medo porque já estava começando a escurecer. Quando me aproximei da ponte um pequeno me contou que o Saci tinha atacado o acendedor de lampiões e tomado a escada, levando-a para debaixo da ponte. O homem por muita felicidade tinha conseguido escapar!

Voltei chorando, e contei ao meu avô o caso todo; como eu não quisesse pernoitar fora da minha casa mandou, meu avô, que um seu empregado me acompanhasse, dizendo: – 'Mate o Saci, se o encontrar'. Essa autorização de meu avô me deu muita coragem e fez com que eu, na ponte, chamasse pelo Saci e o desafiasse!"

Saci e as pretas, *aquarela de Richter*

Depoimento do senhor
M. L. de Oliveira Filho

> O sacizante-mor, de São Paulo, depõe em prol da pretidão do moleque, posta em dúvida por alguém. Jura que o diabinho sempre foi "piú pitu, piúna" ou "pixuna", isto é, preto de pele, como também o Curupira, o Caipora, e em geral toda assombração. Excetuadas a m'Yara (Mãe-d'Água) e o M'boytatá, acha errado escrever pererê sem o "g" final, que Montoya assinala "c" sem o primeiro "e" agudo. Não é fonético. Quer a etimologia prali!
>
> À beira do Paranapanema ouviu de "cocre", perto do moquém, o seguinte caso contado com sossego pelo Antonio Fernandes, "caboclo de dentes ralados, mas duro que nem anta".

"Voltando de a pé da capelinha do campo já noite escura que nem cozinha de negro, quando ia atravessando um estirão de mato, de repente uma coisa começou a roncar atrás de mim como sororoca de quem já vai morrer. Frio de medo, não tinha ânimo de olhar para trás, descasquei o pé na estrada; o barulho sempre atrás de mim cada vez mais perto.

Já com o fôlego curto 'trupiquei' e m'estendi; o ronco passou por riba me deixando mais frio do que 'largato': cruiz, credo, Nossa Senhora!, gritei três vezes, deitado de boca pro chão.

'Garrei' no sono, acordei com duas braças de sol, que nem pinto suado. Estava rentinho com a tapera do Supriano, sem chapéu, vendendo farinha; tinha perdido a cinta com a faca e o 'arreadô' prateado.

Olhei no chão para ver de que lado tinha vindo, nada de rasto no trilho: ouvi três assobios que vinham de dentro da tapera, toda tramada de purunga; olhei para cima e vi o chapéu, a cinta com a faca e o relho 'pindurado' num barrote, fui buscar e espiei para dentro; vi um Saci currupiando no meio da casa com a língua de fora; assobiou três vezes e sumiu. Tomei o rumo de casa sossegado como se não fosse nada. O Saci parece que me tinha curado do medão.

Logo que botei o pé na porta da minha casa, vi cruzar na cozinha o xale azul da Nhá Nica, que tinha chegado naquela horinha. Parei e 'garrei' a 'maginá': o diacho do Saci me perseguiu tanto, me fez dormir no mato só para me fazer chegar na horinha mesma de mi encontrar 'coa' minha saíra cubiçada.

Pensei na sororoca, no tombo, na cinta, no barrote, na tapera, no Saci pererecando, nos assobios: como que acordei ouvindo a nhá mãe dizer: – 'Ele qué bem vancê que não é vida, tá bão mêmo pra vanceis dois misturá os pelego lá pra São João'.

Abençoei o Saci dez vezes; se não fosse ele, eu não tinha chegado naquela horinha em que se marcou a minha sorte. Na véspera de São João, na mesma hora do dia do Saci, eu chegava em casa de volta da capela com a Nica minha 'muié', todo envergonhado, com o pé queimando no sapatão e 'alembrando' do Saci.

Três vezes ele me apareceu, esse 'cuisaruinzinho desgranhado': ele 'atenta' primeiro para depois se rir: tal noite, no dia que nasceu o Neco, meu filho, e quando ele se casou com a Candoca do capitão. Arreliou primeiro todas três vezes."

Depoimento do "assíduo leitor" A. P.

Descreve uma velha tia Rufina, moradora em palhoça de sapê, e da qual ouviu as primeiras histórias maravilhosas. Dentre elas as de Saci eram recebidas pela criançada com especial encanto.

"Do Saci nos falava ela de modo que nunca saberei repetir. Dava-o como sendo um negrinho de cabeça oval e olhos vivos, que andava à noite pelo campo a judiar com os animais. Vestia sempre camisolinha vermelha, andava aos pulos e vivia a assobiar constante.

Durante o dia girava nos redemoinhos do vento, de uma maneira imperceptível; e à noite fartava-se de brejeirices.

Entrava nos quartos pelos buracos da fechadura, escarafunchava as gavetas e por fim ia ter à cozinha. Aí ele se deliciava à vontade com grandes baforadas de fumo, aproveitando-se dos pitos das velhas pretas. Depois de tudo isto, o incansável crioulinho lá se ia para os campos enredar as crinas dos pobres animais."

Depoimento do senhor
Jorge Nóbrega

Aborda o assunto com muita competência e expande-se em considerações filosóficas sobre a formação das crendices na psíquica popular. E conclui:

"Passei alguns anos em uma das nossas cidades do litoral, terra lendária que conserva como relíquia dos tempos coloniais certos monumentos de valor histórico e resistência invejável.

Afeito às viagens pelo município estudei um pouco o povo que me cercou sempre generosamente: o brasileiro cultiva a hospitalidade como um dogma.

Conheci duas classes distintas – o caipira abnegado e o cidadão obsequioso e justo. Em todas, porém, predomina a hereditariedade; o homem crê invariavelmente nos ensinamentos da ascendência e guarda-os como se fossem pérolas de raríssimo valor, e a evolução das camadas mundanas, o progresso, não conseguem afastá-los da herança dogmática.

Nesse povo laborioso e ordeiro, a crendice nos espantalhos da noite é enorme; e o Saci, que é o coração que alimenta três artérias – o 'Lobisomem', o 'cavalo-sem-cabeça' e a 'bruxa' –, preside condignamente o 'diretório' da sua crença de medo.

Entre os caipiras, que são de duas espécies: os 'praianos' e os 'sertanejos', o Saci é conhecido sob diversas formas. O Saci da beira-mar, segundo os 'entendidos', é um negrinho perneta que lança fogo pela boca e usa barrete vermelho.

O sertanejo, porém, dá-lhe outra configuração: um preto baixo, gordo, com dentadura perfeita e bem alva; usa um bastão, mas não pula... Suas manifestações variam segundo o tempo, a estação, a hora ou a sensibilidade de que se acha possuído no momento da aparição.

Há ainda quem diga que o Saci é uma ave preta com bico vermelho, e igual ao 'anum'.

Pela manhã, dizem, ele assobia agudo, mas longe; ao meio-dia, acompanhando os que trabalham, ele sibila de surpresa aos ouvidos; à tardinha passeia pelas roças e pastos e distribui aos animais valentes surras de chicote.

A pior hora para o crédulo é à meia-noite. Aí cuidado com as redes de pesca, fachos e lanternas; até as duas horas assobia 'saci-pererê', num diapasão tão forte que até abala as casas e faz estremecer o solo.

Daí é que vem o terror do caipira e o horror da petizada que, embrulhada nos cobertores, nem respira, ao menor barulho que ouça a altas horas da noite."

Interregno

Andava o inquérito por estas alturas quando o sacizante M. L. houve por bem voltar à imprensa com impressões concebidas nestes termos:

"O Saci[1]

A rotação da terra gera a noite. A noite gera o medo. O medo gera o sobrenatural. Divindades e demônios têm a origem comum da treva. Quando o sol raia a natureza despovoa-se. Cessa o *sabbat*. Satã afunda no Averno seguido do séqüito inteiro de diabos menores. A bruxa reveste a forma humana. O Lobisomem perde a natureza dupla. Os fantasmas diluem-se em névoa. Os duendes evaporam-se. Os gnomos subterrâneos mergulham no escuro das tocas. O Caipora deixa em paz o viajante. As mulas-sem-cabeça reincabeçam-se e vão pastar mansamente. As almas penadas fecham-se nas tumbas. Os sacis param de assobiar e cansados duma noite inteira de molecagens escondem-se nos socavões das grotas, no fundo dos poços, em qualquer lura onde não penetre a luz, sua mortal inimiga. Filhos da sombra, ela os arrasta consigo mal o sol anuncia, pela boca da Aurora, o grande espetáculo diário em que a Luz e sua filha a Cor esplendem em fulgurante apoteose.

A treva batida de todos os lados refoge para os antros onde moram a coruja e o morcego. E nessas nesgas de escuro apinha-se a fauna inteira dos pesadelos, tal qual as rãs e os peixinhos aprisionados nas poças sem esgoto quando após as grandes enchentes a água se escoa. E como nas poças verdinhentas a traíra

[1] *Monteiro Lobato publicou este texto com modificações no livro* Idéias de Jeca Tatu. *Nota desta edição.*

permanece imóvel e a rã muda, assim a legião dos diabos se apaga de tal forma que inutilmente tentaríeis surpreender unzinho sequer. O Saci é exemplo. Abundante à noite como o morcego, nunca se deixou pilhar de dia. Metido nas tocas de tatu, ou nos ocos das árvores velhas, ou alapado à beira-rio em solapões de pedra limosa com a retrança das samambainhas à entrada, o moleque de carapuça vermelha sabe como ninguém o segredo de invisibilizar-se. Não colhesse ele, todos os anos, pela noite de São João, a misteriosa flor da samambaia!...

Mal, porém, o sol afrouxa no horizonte, e a morcegada faminta principia a riscar de vôos estrouvinhados o ar cada vez mais escuro da noitinha, a saparia pula dos esconderijos, assobia o silvo de guerra – saci-pererê – e cai a fundo nas molecagens costumeiras. A primeira vítima é o cavalo. O Saci corre aos pastos, laça com um cipó o animal escolhido – e nunca errou uma laçada –, trança-lhe a crina para armar com ela um estribo, e dum salto ei-lo montado à sua moda. O cavalo toma-se de pânico e deita a corcovear pelo campo afora enquanto o perneta lhe finca o dente numa veia do pescoço e chupa gostosamente o sangue até enjoar. Pela manhã os pobres animais aparecem varados, murchos dos vazios, cabeça pendida, e suados como se os afrouxasse uma caminhada de dez léguas beiçais.

O sertanejo premune-as contra esses malefícios, pendurando-lhes ao pescoço um rosário de capim ou um bentinho. É água na fervura. Farto, ou impossibilitado daquela equitação vampírica, o Saci procura o homem para atanazá-lo.

Se encontra na estrada algum viajante tresnoitado, ai dele! Desfere-lhe de improviso um assobio no ouvido, escarrancha-se-lhe à garupa e é uma tragédia inteira o resto da viagem. Não raro o mísero perde os sentidos e cai à beira do barranco até dia alto. Outras vezes diverte-se o Saci com pregar-lhe peças menores; desafivela um loro, desmancha o freio, escorrega o pelego, derruba-lhe o chapéu e faz mil outras picuinhas de brejeiro.

O Saci tem horror à água. A propósito narra um depoente no inquérito do *Estadinho* este caso típico. Havia um caboclo morador numa ilha fluvial onde nunca entrara o Saci. As águas circunvolventes defendiam a feliz mansão. Certa vez, porém, o caboclo foi ao 'continente' de canoa, como de hábito, e lá se demorou até a noite. De volta notou que a canoa vinha pesadíssima e foi com enormes dificuldades que conseguiu alcançar o abicadouro na margem oposta. Estava a imaginar no estranho do caso – um travessio que era canja de dia e virara osso de noite – quando, ao firmar o varejão em terra firme, viu saltar da embarcação um Saci às gargalhadas.

O malvado aproveitara o incidente do travessio a desoras para localizar-se na ilha imune, e desde então nunca mais houve ali sossego para os animais nem paz entre os homens.

Nos casebres da roça há sempre uma pequena cruz pendurada às portas. É o meio de livrar a vivenda do hóspede não convidado. Mesmo assim ele ronda a moradia e arma peças a quem se aventura a sair para o terreiro.

Espalha a farinha dos monjolos, remexe o ninho das poedeiras gorando os ovos e judia das galinhas. Se a casa não é defendida, é dentro que opera. Esconde objetos, estraga a massa do pão posta a crescer, esparrama a cinza dos fogões apagados em cata de algum pinhão ou batata esquecidos.

Se encontra ainda alguma brasa, malabariza com ela e ri-se perdidamente quando acontece cair a brasa pelo furo das mãos. Porque, além do mais, tem as mãos furadas, o raio do moleque...

As porteiras, como as casas, são vacinadas contra o Saci. Rara é a que não traz uma cruz escavada no macarrão. Sem isto, o Saci divertir-se-ia em fazê-la ringir toda a noite ou abri-la inopinadamente diante do transeunte que a defronta, com grande escândalo e pavor deste, que adivinha logo o autor da amabilidade e a repele com esconjuros.

Os cães apavoram-se quando percebem um Saci no terreiro e uivam retransidos. Refere um depoente o caso de dona Evarista. Morava esta senhora numa casinha de barro, já velha e buraquenta, em lugar infestado. Certa noite, ouviu a cachorrada prorromper em uivos lamentosos. Assustada, pulou da cama, enfiou a saia e tonta de sono foi à cozinha cuja porta abria para o quintal. Ali chegada estarreceu de assombro: um Saci arreganhado erguia-se de pé na soleira da porta. E disse-lhe com diabólica pacholice: – 'Boa noite, dona Evarista'. A velha perdeu a fala e desabou na terra batida, só voltando a si pela manhã. Desde aí nunca mais lhe saiu das ventas um certo cheiro a enxofre...

Se fossem só aparições... Mas o Saci inventa mil coisas para azoinar a humanidade. Furta o piruá de pipoca deixado na peneira, entorna vasilhas d'água, enreda a linha dos novelos, desfaz os crochês, esconde os roletes de fumo.

Quando um objeto desaparece, dedal ou tesourinha, é inútil campeá-lo pela casa inteira que nunca o encontrareis. Basta para isso, entretanto, que se dêem três nós numa palha colhida num redemoinho e que a ponham sob o pé de uma mesa. O Saci amarrado e imprensado visibilizará incontinênti o objeto em questão para que o libertem do suplício. Redemoinho... A ciência explica este fenômeno mecanicamente pelo choque de ventos contrários e não sei que mais. Lérias! É o Saci quem os arma. Dá-lhe, em dias ventosos, a veneta de turbilhonar sobre si próprio como um pião. Brincadeira pura. A deslocação do ar produzida pelo giroscópio de uma perna só é que faz o remoinho, onde a poeira, as folhas secas, as palhinhas dançam em torno dele um corrupio infrene. Há mais coisas no céu e na terra do que sonha a tua ciência, Gnot!

Nessas ocasiões é fácil apanhá-lo. Um rosário de capim bem manejado laça-o infalivelmente. Também há o processo da peneira: é lançá-la, emborcada, sobre o núcleo central do redemoinho. Exige-se, porém, que a peneira seja de cruzeta.

A figuração do Saci sofre muitas variantes. Cada qual o vê a seu modo. Existem, todavia, traços comuns sobre os quais a opinião é quase unânime; uma perna só, olhos de fogo, carapuça vermelha, ar brejeiro, andar pinoteante, cheiro a enxofre, aspecto de meninote. Uns tem-no visto de camisola de baeta; outros de calções curtos; a maioria o vê nu.

Quanto ao caráter, há concordância em lhe atribuir um espírito mais inclinado à brejeirice do que à malvadeza. Vem daí o misto de medo e simpatia que os meninos peraltas consagram ao Saci. E um deles, mais forte, mais travesso, mais diabólico: mas é sempre um deles o moleque endemoninhado, capaz de diabruras como as sonha a 'saparia'.

A curiosidade despertada pelo inquérito do *Estadinho* denota como está generalizada entre nós a crendice. Raro é o brasileiro que não traga na memória a recordação da quadra saudosa em que 'via sacis' e os tinha sempre presentes na imaginação exaltada. De modo que, convidados a falar do duendezinho, todos impregnam seus depoimentos da nota pessoal das coisas vividas na infância. Referem-se a ele como conhecido velho que a vida, a idade, o discernimento os faz perder de vista, mas não esquecer. Este inquérito pela massa preciosa de informações colhidas fornecerá elemento para um livro curiosíssimo, onde o Saci seja estudado rigorosamente à luz da ciência demonológical. Livro para psicológo e para o povo, duplamente interessante, pois. Este encontrará nele um reflexo da sua mentalidade e divertir-se-á com os inúmeros casos narrados; aquele terá ali material para preciosas deduções."

Depoimento do senhor João Corisco

Este Corisco afuzilou, não diz de onde, um depoimento em regra, onde estabelece até a estatura exata do réu.

"O Saci, como m'o pintava sempre a Joana, a mucama que me criou, o 'mardito', como ela o chamava, era um pretinho de um metro de altura, uma perna só, vestido com um calção de baeta vermelha, camisa de algodão branco aberta ao peito e carapuça vermelha, afunilada; nariz adunco, barbinha de bode preto, e as unhas das mãos muito compridas.

Foi assim que comecei a conhecer o 'capeta', o Saci dos tempos idos. À medida que fui crescendo melhor fui conhecendo o Saci danado, conhecimento pelas narrações que dele me faziam os pretos da fazenda, os sertanejos agregados e o 'Chico Rio Grandense', velho tropeiro, domador de fama, gaúcho e ex-soldado do exército de Osório. Era este o herói predileto à minha imaginação de criança, porque era quem conhecia e contava mais histórias de 'assombrações' e proezas de Saci. Ele contava que em suas longas viagens, infindas caminhadas pelos sertões, por noites altas quando a lua – 'branca como um marmôr se deitava por cima do capão do mato' –, ouvira muitas vezes um assobio provocador do Saci, as suas risadas, e o barulho que o 'manco' fazia saltando, dentro do mato, na folhagem seca. Vira também o Saci empoleirado no cavalo em carreira louca pelo pasto, em noite de sexta-feira, ou trepado ao telhado da casinha do caboclo transido de medo, assobiando 'molequemente' e divertindo-se em quebrar as telhas. Dizia mais o 'Chico' que quando as 'molequêra' do Saci eram demais, amarrava-o – fincando com força uma estaca no chão e da qual pendia enrodilhado um rosário de capim, pronunciando ao fincá-la as palavras sacramentais: 'Saci-pererê preso vai, preso vem; Saci-pererê, tem, tem'. Mas... no dia seguinte, soltava-o, resmungando: – 'Este peste não indireita mesmo'. Contava, enfim, o velho gaúcho que certa vez, em noite escura, próximo à Faxina, viajando para São Paulo, ao passar uma porteira, o Saci saltou-lhe à garupa. Foi um desastre: o cavalo disparou como louco, o Chico perdeu a noção das coisas e quando deu acordo de si era dia claro e estava estirado na estrada. O cavalo tinha desaparecido, levado pelo Saci.

Já agora o Saci desapareceu do sertão. À medida que a civilização foi invadindo o mato, ele foi se metendo para os fundões com o sertanejo e desapareceu de súbito. Mudou de vida: civilizou-se. Veio para São Paulo..."

Veio para São Paulo e aqui nos conta ele em que se transformou. Certos segredos demoníacos é bom não se tornem públicos. Fiquemos só nós, os iniciados, sabedores disso. Basta que o leitor saiba que na opinião do senhor Corisco ele reside na Paulicéia, vestido de gente, rico e gordo, operando em questões de arte artices levadas da breca. Mas terá razão o senhor Corisco? Está S.S. bem certo de que foi o Saci que se transformou? Não seria a Mula-sem-cabeça?

Depoimento do senhor Otávio Augusto

Abandonou S.S. por instantes a Ceres arrozeira com quem convive, em Barranco Alto, e alongou-se em gratas reminiscências. Apesar de inglês S.S. é profundamente brasileiro.

"O Saci é uma graciosa e espiritual concepção, genuinamente nossa. Nasceu da natureza brasílica com a mesma espontaneidade com que surgiram, com significações diversas, o sabiá e a palmeira, a paçoca e o jogo do bicho. Mas é mais significativo do que tudo isso, porque traduz admiravelmente elementos próprios, característicos, do meio, e a grandeza rude da natureza.

O Saci resulta da mentalidade fetichista e impulsiva do nosso caboclo, modificada pelo animismo e doçura do africano, e repassada da ironia geral do sertanejo, negro ou jagunço, índio ou estrangeiro de origem.

A primeira pergunta do seu inquérito refere-se à concepção de cada um sobre o Saci. Pois bem, eu lhe direi que para mim o Saci-pererê é sobrinho do Pedro Malazarte.

Há um grande parentesco entre estas duas concepções brasileiras. Ambas representam a floresta, o interior, o sertão, o cerrado das nossas matas, o tumulto das vozes, o desordenado dos ruídos, a surpresa dos aspectos, o inesperado das cores e dos sons, a inquietude, o ignoto, uma qualquer coisa de sinistro e grandioso que paira soturnamente sobre a terra imensa.

Ambas são filhas do pavor, originariamente, e ambas complicaram-se e transformaram-se em virtude de outros dados psicológicos da raça: a ironia observadora, a fantasia pitoresca, a moralidade indolente e pouco austera, tudo dominado e culminado pela noção primordial que o sertanejo tem do sertão, reservatório de maldades e artimanhas, de caprichos sobrenaturais e forças malévolas.

O Saci anima e explica o sertão, como Malazarte, que o senhor Graça Aranha quis que Paris compreendesse. Isto mostra, e não é pouco, que este prosador o não compreendeu. Fez de Malazarte qualquer coisa de diferente da floresta brasileira, quando Malazarte é a floresta personificada, ao mesmo título que Bóreas era o vento e Pan a natureza na mítica dos gregos.

As proezas de Saci, a sua malignidade e esperteza, o seu riso e a sua diabrura, são os atos inesperados da natureza brasileira, ironia da sua grandeza, o intrincado zombeteiro das suas selvas abruptas, a traição sardônica da sua beleza, o sarcasmo da sua fertilidade. Pedro Malazarte é mais alguma coisa do que isso, mas o amigo não inquire sobre este, o que me permite não falar muito mal do senhor Graça Aranha, com quem simpatizo.

O amigo, no seu questionário, quer saber como e de quem recebemos na infância a crendice do Saci.

A lenda do Saci anda no ar, e basta um pouco de espírito curioso para aprendê-la na infância. De todas as maneiras como ouvi falar do inefável Saci, eis uma, da qual me lembrarei sempre nitidamente.

Era na sala de jantar imensa do casarão da fazenda. O administrador, vendo que a noite já caíra profundamente e que chovia uma chuva fria e constante, impacientava-se com a demora do Quito. Quito era o caboclinho, de uns 15 anos, que levava os recados à cidade, o leite, os queijos, as leitoas desmamadas e as pamonhas. Nesse dia fora mais cedo e deveria estar de volta ainda com o dia, com sol alto.

A noite e a chuva aumentavam o silêncio e a solidão.

De repente, ouve-se um tropel nervoso de cavalo esporeado. De sobre o dorso do animal espumejante, salta, como um veado fugido, o caboclinho, tremendo, suado, sem uma gota de sangue na palidez do rosto moreno.

Todos o interrogam. O administrador fita-o severo e carrancudo.

Mas Quito não pôde falar, tal é o susto que se lhe pinta no olhar, no rosto, na tremura convulsiva das pernas, na dançade-são-guido dos dez dedos das mãos. Dão-lhe água a beber, levam-no para o calor lareiro do fogão, onde as roupas encharcadas começam a fumegar como narinas de bois nas manhãs de geada.

Afinal, sitiado de perguntas e metralhado pela ansiedade de todos, Quito explica.

Fora o Saci, o Saci-pererê, o maldito bicho de uma perna só. Crepusculava. Era na volta da estrada, defronte do ipê que divide Nhô Grande do Coronel Jacutinga, mesmo em cima da estiva que cobre, sobre a estrada, o ribeirão dos Quincas, que por sinal até estava transbordando nessa tarde, como se estivesse com inveja do Paraíba. Pois aí que, de repente, sem saber como, lhe apareceu o Saci, rindo como um perdido, mostrando os dentes alvos e as gengivas roxas.

Lembrava-se apenas de que ele era negro, negro como aqueles carvões apagados do fogão, e pequeno como um menino de 10 anos. Só tinha uma perna, e esta mesmo capenga.

Quando ria, saía-lhe fogo pelas narinas, e os olhos cintilavam-lhe como aquelas brasas ainda não extintas.

Assim que lhe apareceu, pegou-lhe das rédeas do cavalo, subiu no pescoço do animal, e dando uma cambalhota escanchou-se na garupa.

A alimária, logo que sentiu o demoninho no dorso, disparou pela encruzilhada como se estivesse assombrada.

Foi então um nunca acabar de correrias pelos campos, pelos banhados, pelos tesos, até perto da Mantiqueira. Saci gritava como um bando de marrecos e de frangos-d'água. Mas de repente entraram sob uma mata enorme e escura. Era a moradia do Saci.

E lançando-lhe fumaça nos olhos, o diabrete de um pulo largou o animal e sumiu-se na floresta.

E nunca mais Quito andou sozinho longe de casa, e em tudo passou a ver o Saci-pererê.

Agora as outras perguntas.

Sobre o papel que este diabinho silvestre representou na minha vida, nada lhe direi senão que ele representou na minha vida o que todos os papéis representam na vida dos funcionários públicos: – nada!

Sobre a forma atual desta crendice na zona em que resido, tenho a dizer-lhe que *plus ça change plus c'est la même chose.*

Creio que com esta minha pequena contribuição nada se adiantou à história e filosofia do Saci, mas deu-me o ensejo de conversar um pouco sobre um assunto diverso da paz alemã, das hesitações eternas do presidente da coisa pública, dos impostos de exportação, da restauração monárquica e dos casos estaduais, tudo menos nacional que o Saci e, sobretudo, mais estúpido."

Depoimento do senhor Guilherme Lund Netto

*Este vem de Belo Horizonte assinado pelo neto
de um grande sábio. Depõe por ouvir dizer,
ou como viu dizer a vários eruditos conhecedores
do assunto.*

"Não pretendo contribuir com o meu testemunho pessoal para a 'identificação' do famoso duende; sirvo-me do testemunho insuspeito dos mestres, que, provavelmente, o viram nas suas excursões noturnas pelos soturnos vales do imenso Brasil.

Antes de tudo devo dizer-vos que é convicção nossa que o Saci mineiro é filho do Saci paulista, pois foram os intrépidos emboabas que o trouxeram nas suas caravanas para as nossas 'alterosas montanhas', quando por aqui andaram à cata do sedutor itajubá (pedra ou metal amarelo – ouro).

Vejamos o testemunho dos mestres e sábios que travaram conhecimento com o travesso e horripilante molequinho.

Em primeiro lugar lembramo-nos de Couto de Magalhães, que na sua conhecida obra O *selvagem* (1876, I, pág. 188) diz o seguinte:

'O visconde de Beaurepaire-Rohan escreve, acerca do Saci, o seguinte: '[...] espécie de ente fantástico, representado por um negrinho que, tendo à cabeça um barrete vermelho, freqüenta à noite os brejos. Se acontece passar na vizinhança algum cavaleiro, faz-lhe o Saci toda a sorte de diabruras, com o fim, aliás mui inocente, de se divertir à custa alheia. Puxa-lhe a cauda do cavalo, para lhe impedir a marcha; põe-se na garupa do cavaleiro, e outras travessuras pratica, até que o cavaleiro, reconhecendo-o, o enxota e neste caso foge o Saci soltando uma grande gargalhada. São inimagináveis as proezas que se contam deste ente imaginário; e entretanto cumpre dizê-lo em homenagem à verdade, há muita gente que lhes dá crédito. Também lhe chamam Saci-cererê e Saci-jerê e este é unípede' (*Dicionário de vocábulos brasileiros*, pág. 127, Rio de Janeiro, 1889).'

O sábio naturalista Emílio Goeldi, no seu importantíssimo trabalho sobre As *aves do Brasil*, 1ª parte, pág. 163, escreve sobre a lenda do Saci o seguinte:

'Saci-fogo, Saci-cererê e Boitatá são figuras místicas, das quais as duas primeiras parecem representar aves e a última uma cobra, e, no interior, em todas as bocas são como encarnação de terror, que entretanto não se pode reconstruir dos confusos contornos. Do Saci ouvi muitas vezes contar que por trás dele se escondia um ente demoníaco, que à noite cospe fogo de sua boca, só tem uma perna etc. Provavelmente, fragmentos mais ou menos modificados de antigas lendas índias'.

O senhor dr. Pedro Bernardo Guimarães, lente de História Geral e do Brasil no Ginásio de Itajubá e deputado estadual, filho do imortal poeta Bernardo Guimarães, no seu interessante opúsculo sobre O *que nos resta do Pindorama*, faz curiosa descrição de Tupã, Guaraci, Jaci, Perudá ou Rudá, Cairé, Catité, Caipora, Jurupari ou Jampari, Guiraparu, Anhangá, Urutau, M'boitatá, Curupira e do célebre Saci-cererê.

Sobre a lenda deste último diz o dr. Pedro Guimarães, obra citada, pág. 43:

'Quem não conhece a tradição do Saci, que a crendice do caboclo guarda e transmite às gerações, firmemente convencido da existência material de ser tão exótico?

Quantas vezes, após a fadiga do dia, eu ouvi contar, quando criança, pelas velhas escravas libertas em 1888, a história fantástica desse moleque, a coxear pelas estradas, um barrete rubro enterrado na cabeça de símio, um cachimbo apagado no canto da boca, em esgares grotescos, à espera do viajante?

A todos que passassem, assim m'o narravam as supersticiosas pretas, carregando mais as cores no calor das descrições macabras, pedia fumo para o pito e fogo. Ai de quem não o atendia! Deixava-o com uma só pancada estendido no solo, e ágil como um macaco corria de galho em galho, de copa em copa, rumo das povoações, onde, invadindo as cozinhas, acordando os lares com o ruído das mãos de pilão que se punha a socar freneticamente'."

# Depoimento de uma professora

A senhora dona Antônia Benta Alves de Lima, por causa da idade, recorre à mão gentil de uma netinha e depõe no tom pausado de quem já viu muito do mundo e sabe a vida.

"**Ilmo. senhor** delegado ou promotor que acompanha o inquérito sobre o Saci-pererê.

Como descrever o tinhoso e perereca Saci, sem fazer literatura, divagações ou mostrar-lhe a psicologia? Impossível!

Quem, como eu, arcada nos meus 60 janeiros e já aposentada após trinta anos de magistério, encontrando, quase que diariamente com bacharéis em Direito, médicos, deputado e até já senador, meus discípulos, a quem para boa disciplina e maior incremento ao estudo (quando não trabalhava a Santa Luzia de cinco furos) contava-lhes as histórias do Saci, sua forma e sua obras.

Comecemos a formar os testemunhos do tipo nas suas diversas fases e espécies:

1º – O atraso e a falta da distribuição do ensino desde os tempos coloniais até a Constituição da República, em que, nesse período, só os ricos é que estudavam, por haver a posse necessária para a manutenção dos mesmos na Universidade do Porto, Colégio Pio Latino em Roma e outras faculdades européias, até que chegassem as mesmas às nossas plagas, como Pernambuco, Rio, Bahia, São Paulo etc., o restante da população brasileira, em número de 70, 80 ou 90% eram analfabetos, ignorantes e supersticiosos. Por quê?

Derivados do cruzamento português, africano e selvagem, como se vê da própria História do Brasil em que os crioulos traziam aos cavalos dos seus senhores gamelas cheias de ouro, supondo que aqueles comessem, por ter os freios dourados nos dentes. Narremos o fato.

Em Itu, onde sempre exerci o magistério, desde a Escola Régia até os adventos da República, como poderia contar o doutor Cesário de Freitas, falecido e ex-deputado federal e outros clínicos seus irmãos, bem como na atualidade os irmãos Lobo, dos quais dois em evidência no Congresso estadual e federal, a descrição que eu lhes fazia do Saci a fim de obter deles melhores notas e mais assiduidade, porquanto o Antoninho era mais do que o tinhoso, só não trazia o barretinho vermelho, de resto envolvia-se num redemoinho capaz de formar um furacão, tais as suas diabruras!

Ora, é sabida a forma terrível com que eram tratados os escravos, e daí o resultado das fugas para aparecerem à noite em busca de alimento, formando assim pelo medo o medo aos outros devido às suas aparições como espectros noturnos.

Contava-se naquela época a aparição de uma porca com sete leitões, de um cavalo-sem-cabeça, tudo comandado pelo Saci, que era nada menos do que o escravo fujão, que à noite tudo chamava no facão.

Nas portas das velhas igrejas de Itu, dizia-se existir figuras do Saci, todo de preto e de carapinha, e, no entanto, eram as beatas que para lá iam aguardar a abertura da porta dos conventos para assistirem à missa. Isto às três da madrugada, em que todos dormiam.

E hoje? A essa hora o movimento é maior do que do dia.

Agora o fato da existência do Saci-pererê é a combinação de nomes indígenas – africano e brasileiro – com toda a sua superstição e ignorância que produziu essa visão, esse medo e esse fantasma que nunca existiu. Haja vista a descrição das 'Eneidas' de Virgílio, na qual, em um dos seus cantos, se verifica o célebre gigante de um olho só que quis devorar Aquiles e seus companheiros quando abordaram na Ilha de Paros.

Que enorme Saci seria esse?

No romance *Noite de São João*, musicado em ópera e não levada a efeito, por um acidente qualquer, existe também a descrição do Saci em plena festa de fazenda. Música essa do mui ilustre maestro Elias A. Lobo, já falecido.

Quando o saudoso D. Pedro II visitou Itu, à sua presença trouxe um velho caboclo sexagenário, metido a poeta, falando ao soberano que tomasse muito cuidado com o Saci, que por diversas vezes aparecera ao velho conde de Parnaíba, quando voltava de comer a erva rasgada com entrecosto na casa do senhor Maneco Russo, negociante forte e conceituado naquela cidade.

Então, o soberano, todo interessado, pediu-lhe que fizesse uns versos, o que imediatamente o caboclo respondeu:

Meu Senhô – meu soberano
– Saci subiu ao céu
Pra fazê seu testamento
Não achando papé nem tinta
Desceu pra baixo.

Gargalhadas soaram com o estribilho do pobre velho, e este continuou:

Saci anda no mundo
Pra fazê trampolinage
E o Siô seu Imperadô
Pra fazê politicage!

O bom soberano não se magoou, talvez nessa hora se lembrasse do D. Bibas de A. Herculano, gratificou o velho e passou-se calmamente à outra sala, onde se achava a Filomena, orquestra então existente naquela terra, da qual ainda existem músicos como o Pinto de Moraes e outros.

Tenho coisas mais interessantes sobre o Saci e suas artimanhas, porém sobre outro estudo e outra psicologia. Porém, cabelo trançado de cavalo e o mesmo sugado a verter sangue, toda a vida souberam que era morcego e não Saci, entretanto os velhos, pela sua ignorância, chamavam de Saci. Aguardarei oportunidade para melhor descrição de coisas mais interessantes, pois sou velha, estou cansada, e quem esta escreve é minha neta."

Depoimento de uma menina

Chama-se M. Aurorita. Tem apenas 16 anos.
E o seu depoimento exala masculinidade.
Desconfio dela. É uma aurora a falar de meia-noite
com erudição de curiango.

"Não é certo como afirma um dos vossos solícitos correspondentes que o Saci não existe em São Paulo.

Há engano desse gentil epistolar que como mineiro da gema adquiriu as primeiras impressões sobre o 'negrito' de uma só perna, lá na doce mansão de algum retiro pitoresco entre as 'alterosas' recamadas de 'rútilos carbonos'; vestidas de uma flora secular, palpitante de viço, de seiva transudante, de esplendor; e de uma fauna variegada, poliforme, policrômica, onde até é visto notambulamente entre tão ilustre plêiade o célebre 'monópede', esse engraçado Sacizinho a pular, a dançar o tango da Quinota do São João do Sabará...

Não; a primeira impressão é tudo, senhor redator: – Quando as criancinhas observam, nesse doce, porém pueril período infantil, algo de estupefaciente chegadinho ao sobrenatural centro de um diamante, tomando em seguida a cor primitiva daquele metalóide – adquirindo rapidamente o vulto de um menor de 12 anos, mas sem uma das pernas, magrinho, vivo, ativo, buliçoso, caviloso, sem orelhas e trazendo um só olho em pleno frontal.

E, fazendo caretas, deitando fogo pela boca e nomeando-se saci-saci-saci, aos pinotes cabrioleiros e no ritmo e cancã macabro lá se fora numa abalada disseminando por esse mundo em fora a prole; pelo que é visto – ainda em nossos dias – a praticar diabruras o malandro do Saci perneta em todos os departamentos da federação onde haja cacholas de infantes para as tanger.

Eu, para mim, senhor M.L., creio no Saci cosmopolita, mas como uma figurinha exótica, assim como um molecote peralta cujo ofício era o de, pulando em um só pé, mostrando a língua rubra e deitando chispas pela boca, atemorizar as crianças da minha idade, e por isso é que ao ouvir a tardinha, da capoeira, rala os centros sensoriais, vivazes pela extrema sensibilidade das células neuronas, retêm a imagem de tal modo que a perfilham naturalizando-a no espaço, no tempo e no local fazendo-se familiarizar na órbita restrita em que se vive.

Daí a suposição de o Saci-pererê só ser uma criação no *vox-populi* das 'alterosas'.

Todavia, trago a minha pedrinha de contribuição para restituir a César o que dele é: cá como lá e como talvez em todo o país o Saci existe, por isso que é uma criação popular na fantasia dos diferentes componentes étnicos assimiladas pela massa atual constituinte da classe rural brasileira.

Eu, caríssimo redator, quando pequenina, residente numa das mais formosas cidades do nordeste do estado, à margem do lindo Paraíba, sempre ouvira as narrativas empolgantes descritivas do Saci e suas travessuras.

Cumpre, porém, esclarecer que um dos narradores afirmara que o Saci-pererê nascera em Minas (sem paternidade), pois – como Palas saindo armada da cabeça de Zeus – fora garimpando estruginindo num salto violento o colmatado cômoro próximo, a falinha aguda e estridente saci-saci e arrepiada, me recolhia timorata do terreiro a me aconchegar no recesso ameno do lar onde se esvaíam os temores ao contato doce da *maman* carinhosa.

Mais tarde, porém, vim a saber que o que estridulava saci-saci não era outra coisa senão um certo pássaro-preto que habita as adjacências colmatadas das habitações.

Infelizmente, essa desilusão do que outrora tanto me amedrontava só a tive quando do próprio Sacizinho-cererê eu já não temia, pois era moça; sim, se, porém, os 16 janeiros me dão esse direito."

… Depoimento de um anônimo

*É sul-mineiro e nota as divergências entre o
Saci paulista e o mineiro.*

"Afirmam os velhos africanos escravos que o diabo, em certo dia, resolveu dar uma grande festa no Inferno. E foi de tal porte o forrobodó, prodigalizou-se tanta cachaça, que nem sequer o porteiro escapou a uma grande carraspana. Ora, à saída dos convivas, aproveitando-se desta circunstância, muitos diabinhos escapuliram cá para a terra. Furioso, o diabo deu-lhe caça, agarrando todos menos um, o Saci, que não obstante ter uma perna só, ainda hoje zomba do filho das trevas, graças à sua astúcia e agilidade inexcedíveis.

As primeiras aparições do Saci deram-se no tempo da escravatura, nas grandes fazendas, cujos proprietários eram senhores de muitos cativos. O incorrigível demônio tinha grande predileção pelos monjolos, moinhos, engenhos e freqüentava, com especialidade, as cozinhas, senzalas, os sambas e batuques dos pretos. Numa grande propriedade agrícola, onde passei grande parte de minha infância, os escravos viram-no muitas vezes e chegaram a trocar com ele não poucos desaforos. Desses escravos destacarei apenas dois, o pai Adão e a tia Liberata, ambos velhos, estimados, muito acatados e incapazes de invencionices.

Uma vez, conta o pai Adão, recolhia-se ele à casa, depois de um pagode que durara toda a noite. Num dado ponto da estrada, como se sentisse fatigado, parou à sombra de uma grande árvore para tomar fôlego. De repente um dos galhos da árvore, do qual pendia uma caixa de vespas, apesar de estar o ar completamente parado põe-se a se agitar freneticamente. Alvoroçadas, as vespas atiram-se contra o preto velho, que se vê obrigado a fugir precipitadamente, com o casaco embrulhado na cabeça, até uma grande distância. Foi então que sobre o coiceiro de uma porteira que lhe ficava na frente notou um negrinho de pele muito lustrosa, tendo uma só perna, beiços e olhos vermelhos como brasas, trazendo na cabeça uma carapuça escarlate. Naquela posição o negrinho ria a mais não poder, e ria de um risozinho muito agudo que penetrava os ouvidos do velho africano como agulhadas.

— De que é que te ri, negrinho cachorro? — perguntou o Adão irado.

— Saci gosta de ver marimbondo escaramuçar pai velho — respondeu o outro, sufocado de riso.

E o Saci saltou ao chão, deu algumas cambalhotas difíceis, fez uma série de caretas e foi-se assobiando, com escarcéu.

Ora, ninguém pode negar que o Adão tivesse visto o Saci. Este velho africano foi sempre um modelo de probidade.

Tia Liberata (outro modelo de probidade), certo dia, voltava da fonte com um pote à cabeça quando, ao aproximar-se da porta da cozinha, sentiu que perdera o equilíbrio e, depois de lutar por algum tempo, de ir para diante e vir para trás, de oscilar para a direita e para a esquerda, estendeu a fio, indo o pote fazer-se em pedaços a grande distância. Foi então que a preta notou no beiral da casa, desfeito em gargalhadas, o mesmo negrinho, anteriormente observado por pai Adão. A Liberata viu-o perfeitamente. Era um negrinho de pele lustrosa, beiços vermelhos, olhos vermelhos, uma perna só e trazendo na cabeça uma carapuça da cor de uma brasa.

— Saci gosta de ver negra velha quebrar pote — disse ele, acompanhando as palavras de uma careta em que se lhe viam os dentes de uma alvura incomparável.

Em todas as demais aparições do Saci, aliás, ele sempre se apresenta invariavelmente sob a forma de um negrinho de uma perna só, beiços vermelhos, olhos vermelhos e uma carapuça escarlate na cabeça.

Além disso, devemos acrescentar, ele foi sempre incapaz de uma perversidade de conseqüências funestas. Limitou-se exclusivamente a afligir os velhos escravos e escravas; a assustar os crioulinhos; a afrontar os cavalos de estima; a desarranjar os monjolos, moinhos, engenhos etc.

A carapuça do Saci tem uma importância capital. Quem lhe deu foi o Eterno. Graças a ela, o terrível traquinas torna-se invisível aos olhos do Diabo. Assim até hoje não foi ainda apanhado.

Como se depreende facilmente do exposto, o Saci aqui de Minas é bem diverso do Saci aí de São Paulo."

Depoimento do senhor
José Vieira

É de Casa Branca o senhor Vieira. Conta de como as crianças de lá, por muito sabidas, descrêem do Saci. São crianças dernier cri, aperfeiçoadíssimas, que consertam relógios no escuro e riem-se de cucas. Entretanto, se enxergam soldado, tremem. Vejam só até onde chega a nossa militarofobia! Que trabalhão vai ter tu, Bilac, se pelo país inteiro os fedelhos orçam pelos de Casa Branca!

"Será um passado que volta? Não. É apenas uma gostosa e tênue recordação que brota nestes últimos dias de Saci-pererê no meu coração, já quase sem calor. Sim, sem calor, porque quando eu tinha medo do Pererê era ainda criança e toda criança, despida como é de toda a preocupação da vida, tem o coração pleno de peraltices e mesmo pouco liga a esta vida.

Eu na minha meninice comecei a temer o Saci-pererê, desde uma vez que faltei ao tradicional 'Terço da ave-maria', que também se rezava em casa e foi assim por este modo: minha mãe, ao topar comigo na sala de jantar, me perguntou:

– Onde estiveste à hora do terço?

Meio afobado respondi-lhe:

– Estava brincando de 'pique' lá no largo do Rosário.

– Pois então não sabias da tua obrigação. Doravante, se não compareceres ao terço, o Saci-pererê te levará juntamente com ele.

Com semelhante sentença não deixei de ficar muito assombrado. No dia seguinte fui à casa da Tia Rita (uma preta mina de 80 anos) e a ela contei o que se havia passado e perguntei-lhe o que era o tal Saci-pererê e o que ele fazia. Ela se benzeu e começou:

– 'Cluze in cledo minha Deuse du céu; o Saci Serumpererê é um cuviteiru du demoniu; zeli quandu ta soltu, pinta u canecu: xega nas cuzinha, québa tudu us platus das partileiras; vai nu fugãu distampa as panela e juga cinza dentru das cumida, quandu num québa tudu as panela; faiz um maridu brigá cá muié di zêli; i até lagá um du ôtru; Saci pressegue as quianças anti di batisa; Saci pita (nus pitu das negra), i dispose enche pitu de istrumo de caçoro. Saci robô uma quiança e foi botá nu matu purque zêli num xamava Malia; pur issu qui in tuda casa, até di sinhô blancu, tem quiança cu nomi de Malia u Josué; purque tendu, ta livi di Saci Serumpererê vin busca zêlis.

Deuse ti livi, meu zifilu, du danadu do Saci Serumpererê. Cluze, cluze in credu!'

E tornou a benzer-se. Assim foi o pavor que sofri nos meus tempos de criança.

Mas aqui em Casa Branca as crianças pouco ligam ao Saci-pererê. Quando alguém lhes diz que o Saci-pererê persegue as crianças peraltas e manhosas, dizem logo: 'Mamãe disse e o professor fala que isso é história'.

Não sei se é pelo fato de Casa Branca ter 102 anos, possuir Escola Normal, Grupo e Escola-Modelo, Ateneu, Instituto, escola isolada e noturna, segundo me parece, as crianças daqui 'consertam relógios no escuro'.

É mister esclarecer que elas têm muito medo de soldado: quando estão na rua, jogando bolinhas, ou mesmo *foot-ball*, se lhes aparece um soldado é aquela 'bruta' correria. Agora não afirmo se elas trocaram o Saci-pererê pelo soldado; segundo a tradição, eles se parecem no modo de se trajar..."

Adendos do senhor Manoel Lopes[*]

> *Indiscutivelmente ninguém entende de demologia indígena, nem de vida, usos e maus costumes do caruncho, como S.S. Não contente com o depoimento prestado, explana-o revelando as várias espécies de Saci que conhece.*

"Saci-avisador: aparece atrás das portas, dá gargalhada, faz não com o dedo e canta:

Saci, Saci, Saci,
Oi aí, Oi aí, Oi aí! (Olhe aí).

Saci casamenteiro: moça que sonha em noite de sexta-feira para sábado com Saci casa dentro de um ano.

Namorado que briga com a namorada e que ouve assobio de Saci sinal de que a moça está chorando de saudade.

Para Saci não entrar pelo buraco da fechadura é preciso pôr a chave de jeito que a lingüeta fique bem para cima, isto é, o buraco da chave aberto no rasgo da lingüeta: aí ele espia só, não entra.

Saci que aparece disfarçado em tico-tico-rei: é sinal de caguira.

Para prender Saci quando está atentando na cozinha, dá-se uma machadada, olhando para o sol, no chão, e deixa-se o machado de rachar lenha fincado na terra. – Quem dá a machadada benze-se, depois volta para a cozinha sem olhar para trás. Faz-se isto quando suspiro não quer crescer, calda não pega ponto, forno não esquenta, bolo não cora etc.

Saci mal batizado persegue gente a mandado e não larga do perseguido se foi mandado com sete padres-nossos.

Afilhado de mulher separada do marido vira Saci.

* *Manoel Lopes de Oliveira Filho. Nota desta edição.*

Saci tem medo de moça vestida de noiva com a coroa de flores de laranjeira.

Em casamento de viúva Saci faz sempre desordem.

Mau-olhado não pega em quem Saci persegue, as arrelias do Saci são para 'infernizá', não para maltratar.

Saci de Mato Grosso é filho de Jabiru com mulher que casa três vezes.

Saci pinta-se de branco com poeira de flor de milho.

Pinto de cinco dedos nos pés ou gente com seis dedos em cada mão picou ou nasceu em dia de festa dos sacis.

Sexta-Feira Santa Saci não 'trabalha'.

Animal (pinto, leitão, cabrito, cachorro, potro etc. e crianças), guacho (sem 'pai nem mãe' desde o dia em que nasceu) Saci não persegue.

Araponga é sinaleira de Saci, foi Saci velho que virou passarinho.

Bode ou gato preto é Saci 'desconjurado' que está preso no corpo desses bichos.

Choro de Saci é que nem miado de gatinho recém-nascido.

Guarapa não azeda quando Saci faz 'pipi' no cocho.

Saci do campo mora nos cupins.

Saci zangado grita:

Saci, saci, saci-saperê.
Minha pereba dói como quê!"

Saci na cavalhada, *aquarela de Norfini*

Depoimento do senhor
Belmiro Aranha

Vem de Pitangueiras. Não está averiguado que lá haja pitangas, mas há sacis, o que é uma compensação.

"A concepção em barro do Saci-pererê estampada pelo *Estado* 'está errada'.

O Saci é um pretinho retinto, beiços vermelhos, esperto como o azougue, tendo como única vestimenta uma carapuça de baeta encarnada.

Aprecia em alto grau o fumo no cachimbo, único engodo capaz de o tornar benigno com aquele com quem se encontra, horas mortas da noite, na estrada deserta dos sertões ou no centro das nossas florestas virgens.

O Tio Cosme, preto sexagenário, mas ainda firme nos seus músculos de aço, grande caçador de queixadas, perdera-se uma vez no mais soturno de uma mata. Veio a noite, e como não atinasse com a saída, resolvera passá-la ali.

Bateu fogo na 'binga', chegou-o a um molho de gravetos e dali a pouco a amorável claridade de uma fogueira punha na mata apavorante figuras de duendes, alongando a sombra de Tio Cosme, ora de um, ora de outro lado da clareira, onde sentara sobre um pau 'piúca', tendo ao lado o velho 'pica-pau'.

Encheu de fumo o cachimbo de barro e, indiferente aos sussurros e aos gemidos misteriosos da mata virgem, começou a atirar aos ares azuladas nuvens de fumaça.

Atraído pelo cheiro do Saci, veio pula aqui, pula acolá, e surgiu na clareira onde Tio Cosme dormitava sentado.

— Meu avô, me dá uma cachimbada?

Tio Cosme, que apesar de negro velho nunca tivera medo de nada, nem mesmo de Saci, apanhou a 'pica-pau' e, enfiando o cano na boca do Saci, disse:

– Toma fumo negrinho excomungado!... – e disparou um tiro no Saci.

Este estalou a língua, soprou com força uma nuvem de fumaça e de chumbo na cara do Tio Cosme, dizendo:

– Meu avô, seu fumo é muito fraco, mas tem bom gosto – e o Saci, no mesmo instante, 'suverteu' no ar.

Tio Cosme, quando recebeu a baforada na cara, caiu para um lado e só foi encontrado no outro dia pelos camaradas da fazenda, ainda desacordado.

Desse dia em diante Tio Cosme começou a respeitar o Saci e nunca mais foi ao mato sem levar ao pescoço um bentinho, tendo dentro um dente de alho descascado, única coisa neste mundo com que o Saci embirra e da qual foge às léguas, tossindo e espirrando.

É muito sabido de todo mundo, e senão o é de todo mundo pelo menos o Tio Cosme e os pretos do tempo da minha meninice sabiam disso, qual a samambaia floresce e que a sua flor, misteriosa como as coisas encantadas, só aparece, só desabrocha, à meia-noite da Sexta-Feira Santa.

E ainda há outra circunstância importante, até hoje escapa à perspicácia dos mais afamados botânicos e vem a ser que, em cada região, ou mesmo em cada fazenda por maior que seja a área ocupada pelo samambaial, nele só aparece uma única flor.

Filtro mágico de todas as venturas imagináveis, quem, à meia-noite de uma Sexta-Feira da Paixão, for ao samambaial e colher a sua flor terá todas as riquezas imagináveis, tornar-se-á irresistível a todas as mulheres do universo e, com um só volver de olhos, ou com uma só piscadela, verá rendida a seus pés qualquer dama, solteira, casada ou viúva.

Mas... quem guarda a flor da samambaia é o Saci.

Mais de um ambicioso, por estes sertões adentro, tem tentado a posse de tão inestimável tesouro.

Mais de um, talvez dezenas de corações sedentos de aventuras amorosas e de riquezas, à meia-noite da Sexta-Feira Santa, enquanto todas as almas cristãs meditam na Paixão do doce Nazareno, tem deixado o leito estremunhado de sono e, embalado pela música incomparável das noites enluaradas do sertão, lá tem ido ao samambaial com o fito de colher, como um ladrão audacioso, a flor apetecida.

Todos eles chegaram, cautelosos, mal contendo o estuar do peito que arfa ansioso pela posse do bem almejado e também todos eles, com verdadeiro assombro e um frio de gela a zurzir-lhes a espinha, ao tocarem o caule da flor... viram-na desaparecer!

Fora arrebatada pelo Saci, guarda esperto e sagaz que nunca se deixou lograr, consentindo que outrem apanhasse a flor da samambaia.

É por isso que ninguém ainda a viu e os botânicos desconhecem a cor e a forma de sua pétala.

***

O Saci é ainda uma criatura muito caluniada, como aliás acontece a todas as criaturas.

Há muita coisa por aí, filha exclusiva e legítima do medo, mas que se atribui ao pobre do Saci.

É verdade que este, quando pilha um viandante a cavalo, sozinho na estrada erma e depois de meia-noite, de um salto encarapita-se-lhe na garupa e pinta o sete.

Um fazendeiro meu conhecido, homem 'crente', não na existência de Deus e dos santos da corte celeste, mas em coisas de natureza terrena, precisou ir à cidade numa noite escura e tenebrosa.

Foi a cavalo e levou como pajem um molecote.

Ao atravessar a mata, onde existia um Saci, na crença geral da fazenda, o fazendeiro lembrou-se dele, mas não querendo manifestar o seu medo ao moleque, voltou-se na sela e disse-lhe:

– Ó Quirino, você tem medo de Saci?

– Não sinhô – respondeu o pajem.

Mais adiante, crescendo o medo, o fazendeiro retornou:

– Ó Quirino, si você tem medo do Saci, apeie e venha montar aqui na garupa.

– Eu não tenho medo não sinhô.

– Olha, moleque, você tem medo do Saci, apeie já e venha montar na minha garupa, sinão eu te meto o 'reio'...

Daí por diante o fazendeiro levou o Quirino à garupa e o seu cavalo puxado.

Ele preferiu levar às costas um Saci de carne e osso a um Saci verdadeiro."

Depoimento do senhor
José dos Santos

*Este é caboclo chucro, mas sarado, e põe
dúvidas em que deste inquérito saia o pretinho
bem identificado.*

"Tô sabido das suas agonia pro mor do causo do Saci-perereca.

É um causo que não tava precisano de arrebanhá piniões. Ossuncê vai se afundá de tá manera que adepos não sabe iscoiê o mió dos retrato. Quarqué caboclo céio sabe dizê cumo é o Saci que só anda pererecando pra mor de tê só uma perna. Tô eu aqui na fé do santíssimo que lhe posso aprová cumo é.

Quar! Se bem que lea e relea o seu reclame do jorná, pelo que tô veno ninguém foi capaiz de resorvê a quistan. Saci, seu redatô, é um caboquinho mandiguero, fazedô de cabriolêra, pretinho como ele só, quinté reluiz de noite no clarão da lua. Vô le contá um causo no quá ossuncê vai ficá sabeno treis veiz o que vem a sê esse máfeitô. Tudo diz que viu o Saci, ma tão inganado, o que viru foi sombração de medo, mais nada. O causo é difice. Certa veiz, viajano de Juaguari praz banda de Amparo eu já tava em Duas Ponte. A mode que ia arrevesado co'as sombra da lua, quando escuitei baruio da banda de Amparo e vi o bicho pará e querê vortá. Minha égoa rinchô, mau siná. Me cheguei perto, fiquei arripiado como quem tá veno o dianho de riba da gente. Em riba do cavalo tava um pretinho c'os óio aceso, pulano e segurano c'ua mão na crina e co'a outra o rabo do pobre bicho. Não tinha nada de feiúra não. Era um bacori bonito inté como o rio da Nhá Colaca do arraia de Duas Ponte, co'a deferenciação que tinha uma perna e um rabinho comprido, dois palmo ansim. Tava nu, c'um pedaço de baeta no pescoço. Todo ele tava cheirano sujera impagave. Eu tava ansim que tava tremendo e intão se me lembrou o santíssimo e esconjurei pr'os inferno aquele máfeitô. Ele pulô da garupa, pererecô um instante e se infiô pela capoera assobiano ansim a mode que dizeno sa... ci... sa... ci...

De resto, seu redatô, não vale a pena simbruiá co'os parecê que tão fazeno pr'os cidadão vê. O Saci não pode sê de barro

E muito menus de pincé
O Saci sempre ade sê
Aquilo que Deus quisé.

Arreceba uns apertão deste seu leitô que lê as veiz cuano chega imbruio feito co seu jorná."

Depoimento de um casmurro

> *Este senhor, que assina C., que paga dívidas,*
> *mas não dá esmolas, homem pessimista mais que*
> *Schopenhauer, foi arrancado da toca pelo*
> *Saci e depõe:*

"Sou um excêntrico, pessimista em extremo, muito alheio às coisas deste caos; semi-religioso e creio em Deus; pago as dívidas, não dou esmola.

A respeito, porém, o inquérito sobre o Saci me despertou *la curiosité*. À primeira vista, tomei por uma futilidade própria de um cérebro doentio ou desocupado; mas como me vieram ao besunto fatos passados na minha infância, vá lá; mal de muitos, consolo é; que o doente se console com o vizinho!...

Li. Achei interessante e razoável o seu desejo de privar de perto com o negrinho.

Pois bem, eu lhe conto quem é esse malandro, tão arteiro que até, dizem, quando entra nos lares dos bem casados, não demora, a taboa está no meio; e para tirar a taboa é preciso rezar sete terços, um em cada sexta-feira, e fazer uma cruz em cada canto da casa; estando na Quaresma, basta um só terço na Sexta-Feira da Paixão; algum é tão teimoso que é preciso o padre botar benzimento.

Não sou fantasista, senhor L., nem gosto de tecer lendas. O que lhe vou contar é a pura verdade. Nesse tempo, eu vivia no aconchego do meu pátrio lar, na vila de... Hoje termo de Lambari, Minas.

A casinha, bela e pequena, se ergue sobre o dorso de um pequeno outeiro, ao norte da vila, dominando-a toda com sua vista tão invejada. – Inda lá está. A herdade forma um sítio de 24 alqueires de terreno acidentado, exceto a parte baixa, uma várzea de alguns alqueires de pastagens, plana, atapetada de uma grama de qualidade, que resiste à soalheira dos anos secos e dá perene sustento à criação. É banhada, ao oriente, em toda sua extensão, pelo rio Verde, que ali passa preguiçoso. O resto das terras era naquele tempo ocupado com a cultura dos cereais, para o que, depois da Lei Áurea, meu pai se utilizava de caboclos assalariados.

Pois bem: às vezes – isto eu vi com estes olhos –, cavalos e vacas formavam dois bolos e corriam loucamente a esmo pela várzea, até que, cansados, suados, arquejantes, vinham buscar refúgio no mangueiro, para daí a pouco saírem de novo; e corre que corre, num tropel infernal; de repente paravam, assopravam, levantavam as narinas, olho espantado ao longe, e partiam.

Isto tinha ocasiões que era de dia e de noite. Não nos incomodava aquilo; entendíamos ser vadiação, desejo de brincar, de exercitar, embora não conhecessem *sport* nem os oficiais franceses. Tendo eu desejo de possuir um cavalo de meu, houve-o do criador Antonio Olívio, um poldro de ano e meio, muito bonito e bom, descendente de manga-larga, pastor de truz, que valeu ao velho Andrade um milheiro de queijos – naquele tempo! Como era um *bijou*, eu o zelava como dono, temendo algum incidente que lhe viesse turbar a vida tão feliz.

Começou logo a fazer o bolo e a atropelar o mundo com suas carreiras.

Como já disse a V.S., meu velho pai lavrava suas 'maniocas' com caboclos 'de jornal'.

Um deles, o Zé Marinho, caboclo refinado de Diamantina do Norte, cor de pé-de-moleque tostado, um dia assistiu à cena da tropelia, e, assustado, dizia:

– Óia lá, óia o Saci, óia o Saci! Coitado dos animá! Êta negrinho danado.

– Onde está, Siô Marinho? – era este o seu tratamento. – Onde está? – perguntava-lhe.

– Tá correndo a cavalo – respondia. Era a folia que estava acesa lá na várzea. Eu, por mais que inquirisse, por mais que olhasse, nada via. Daí a pouco chegou o bolo para o curral, suado, atropelado, arfante, em cujo meio meu estima Brasão, nome dado ao pobre filho do manga-larga.

Terracota de R. Cippichia

— Bota um rosário bento no pescoço do Brasãozinho, senão o Saci inda joga ele no rio, e você perde essa jóia — disse o Zé Marinho.

— O rosário é bom, Siô Marinho? — perguntei.

— Inda você prigunta! Nunca mais o Saci munta nele — respondeu.

Ora, minha velha mãe tinha um rosário volumoso, de sete padres-nossos, herança da minha vó materna, que lhe deu de presente de suas primeiras núpcias — pois ela foi casada segunda vez, de cujo enlace lá vim eu; se foi bento, eu não sabia, era de supor que sim.

Não hesitei; lá fui surrupiá-lo da velha. Cometia, é verdade, pela primeira vez, um ato de desrespeito à minha mãe e à religião dos meus avôs, mas o fazia em honra do meu proveito, que já naquele tempo eu o reputava acima da água benta. Aproveitei a ausência da velha, entrei no quarto, sunguei o colchão, e lá me fui vitorioso com a relíquia, enquanto o Siô Marinho já tinha no cabresto o meu jovem Brasão. Mas o rosário era pequeno, e o pescoço a proteger era grosso. Fui buscar o do velho, cujo molde de castigar filhos rezava pela cartilha dos antigos portugueses, de quem descendia: por qualquer dá cá aquela palha, falava a casca de vaca. Afrontei-lhe a fibra com a façanha. O que é verdade é que o Brasão dentro em pouco estava de rosário ao pescoço, de onde pendia uma pombinha. Para não ser descoberto, enxotei-o para o pasto.

Pois meu caro senhor L., quer V.S. me acredite, quer não, o Brasão daí por diante não correu mais. E quando os outros começavam a folia, ele se separava, ia para o terreiro e ficava espectador dos outros, no que muitas vezes lhe fiz companhia.

Perguntará V.S. 'por que não pôs rosário no pescoço de todos os cavalos?' Tem razão; mas não os havia. Minhas manas tinham, mas tendo descoberto logo da história, trancaram os seus.

Por muito favor obtive um: fui à missa, e estava na sacristia, vestido de opa, turíbulo à mão. Quando o padre encaminhou-se para o altar, acompanhado do seu séqüito, de que eu fazia parte, pretextei um esquecimento e fui buscar um respeitável rosário que abarcava o mais grosso pescoço, igual aos das nossas devotas cá da terra, que o cura deixou em cima do balcão. Essa relíquia de sete padres-nossos com um belo crucifixo serviu de anjo da guarda a um estimado corcel de sela do meu pai. Também não correu mais.

Um dia, o Zé Marinho, assistindo a uma tropelia geral, que também era vista do terreiro pelos dois 'devotos', exclamou:

– Eu num disse que o Saci num muntava mais! Ranja rosário prus ôtro. – Daí a pouco chegou o bolo, que buscava refúgio sempre no terreiro, e reuniu com todos os devotos. Ouviu-se um assobio, fino e comprido, que se afastava, cuja direção os animais acompanhavam com a vista, assoprando.

– Conhece danado! Saiu iscorraçado; co rusário ocê num brinca; hum!, tá fedeno inxofre! – exclamou o Siô Marinho. E deu uma grande risada

– O que é, Siô Marinho? – indaguei.

– Vacê num escuitô o subio? É ele, esbarrô co rusário, num gostô, saiu vendeno azeite.

Os animais sossegaram e foram pastar tranqüilos.

Meu caro senhor L. Os rosários foram o anjo protetor por quase um mês. É o que lhe digo.

Não é assunto da nossa palestra, nem a V.S. interessa, mas, se eu lhe contasse as peripécias que se seguiram por causa dos tais rosários, enquanto V.S. vivesse havia de se lembrar e fartar-se de rir à minha custa. O que sei é que, após esse tempo, estavam os bucéfalos sem o relicário, o cura na posse do seu e eu ameaçado de uma sova, de excomunhão, censurado, apesar de argumentar com eloqüência, qual um advogado verboso em defesa do seu constituinte, às barras do tribunal, com os ensinamentos do caboclo, a virtude do rosário de espantar o Saci, e o sossego que trouxe aos animais.

Inquiri o Siô Marinho sobre a personalidade do Saci. Disse-me:

– O Saci é um negrinho pretinho, magrinho, beiços e olhos vermelhos como pitanga, unhas compridas; tem testa de macaco; o corpo coberto de fubá, rabo de cachorro e uma perna só; veste calças de baeta vermelha e pita num pitinho de barro; pra cachaça é pió do que gambá; quando ele chega pra tentá, você sente logo uma catinga danada de inxofre. À meia-noite, ele fica sentado nas incruziada esperano o viajante pra pedi fumo; gosta muito de botá a guasca nos negrinhos lá na roça.

Não sei se V.S. sabe: no tempo do cativeiro, as escravas iam para o eito com os negros, e as que estavam criando levavam os filhos nuns berços de taquara e deixavam-nos sob o abrigo dum rancho, vindo de quando em quando amamentá-los. O Saci pilhava os negrinhos a sós, ia lá sová-los. Os negrinhos berravam, as negras diziam: – Saci já tá judiando dos negrinhos.

– Pra gente se vê livre dele, é dá o fumo; ele enche o pito, dispois pede fogo, é dá, senão tá perdido – continuou o Siô Marinho.

– Mas quem fez o Saci, Siô Marinho?

– É fio dessas negras desavergonhada, que fica grave, dispois fica co medo das sinhá, porque às veiz o fio é do próprio sinhô ou do sinhô-moço, e vai largá no mato; morre pagão e vira Saci. Esse negrinho é o diabo, num é gente. Quantas veiz ele num distravia caçadô no mato por mode i calçá nos domingo, a ponto de manhecê no mato; incrava a espingarda, distravia cachorro, intala cachorro dentro da toca. As veiz os cachorro vai numa cocha bonita, de repente some, é o Saci que eles tava correndo. Vacê querendo pegá um Saci, quando vê um rudimunho, joga um rosário bento de sete padre-nosso, feito de conta da Virge, que tá siguro. Querendo agradá ele é dá fumo e pinga, intão é um cumpanherão.

* * *

Eu, de mim para mim, meu caro senhor L., a dar crédito à escritura ingênua dos padres, o Saci não passa daqueles anjos maus, que, depois de feitos bons pelo Senhor Deus, se rebelaram contra o seu criador, pelo que foram enviados para as caldeiras do Pedro Botelho. Lá vivem esses diabinhos presos como estudante de seminário; quando escapam é fazendo diabruras.

Na minha terra chamam-no Saci-saterê."

Depoimento do próprio Saci

Vem da Várzea do Carmo, e reza assim:

"Bom dia. Aqui, nos arredores da Paulicéia, por onde ando 'paraparando' desde que fui expulso da cidade pelas histórias da carochinha e dos anões cervejeiros da nebulosa Germânia, soube que o *Estadinho* 'havera' publicado meu retrato e ia fazer minha biografia.

Quis ver o engrossamento. Passei a mão nuns vinténs chanchãs que vinha juntando no buraco de um pau podre desde o tempo que D. Pedro virou onça no Ipiranga e comprei a sua folha.

Gostei um pouco do que ela dizia no primeiro número, mas enquizilei com o retrato. Não está nada parecido, até parece mais com o Manuel Lopes que comigo. Li depois os outros *Estadinhos*, que falavam da minha pessoa e mais 'danado' fiquei porque era só xingação contra mim. Chamam-me negro 'uniperne', malvado, feioso... Contaram minhas estripulias por Minas e Rio de Janeiro e da minha existência em São Paulo nem tico! Entretanto, vivi sempre com muita consideração na Paulicéia.

Pois, se eu ainda me lembro, e com saudades, das boas amizades que ali cultivei lá pelas alturas da penúltima dezena do século passado?! Belo tempo!

Quanta prosa boa dei ao meu ilustre amigo Emílio Pestana, no escritório comercial da rua do Rosário, quantas vezes fui 'aquentar' fogo na casa do velho redator da *Província* ali por trás da antiga cadeia a ouvir a cozinheira contar as minhas artimanhas à criançada, quantas... O P. P. sabe disso; pergunte-lhe se é ou não verdade.

Mas voltemos às coisas que de mim disseram. Não sou negro nem cabra: filho legítimo de cabocla, caboclo tenho me conservado em São Paulo e por isso e não por ser 'coisa-ruim' é que ainda não fui 'pro céu', pois a verdade é que

Caboclo não vai pro céu
Inda que seja rezadô,
Caboclo tem cabelo duro
Cutuca nosso senhô.

Sou 'biperne' e piso com os calcanhares para a frente de modo que as minhas pegadas indicam direção inversa à seguida por mim: menos de um mal é isso um bem, porque a humanidade eternamente desviada comigo do bom caminho tem ensejo de mudar de direção seguindo os traços das minhas plantas.

Também em São Paulo não sou Saci-pererê: chamo-me Saci-saperê e consoante minhas malandragens o povo alcunha-me Saci-trique e Saci-mofera."

Depoimento em prosa e verso

O senhor Sinforoso Américo dá uma versão conhecida no estado do Rio e remata com um muito interessante soneto.

"Segundo me contou uma preta velha e leal amiga de todos os meus, o Saci, um negrinho retinto, de um metro de altura, porém velho, de uma perna só, de cara verrugosa e vivendo ao relento, era filho do diabo. Sendo muito mau, foi expulso do inferno e condenado a viver na Terra, a 'assombrar todo mundo', conforme expressão da boa e saudosa Lelê.

Em minha meninice, parte passada na fazenda de meu avô paterno, e parte numa pequena cidade do estado do Rio, o Saci exercia uma influência extraordinária, não só no espírito da criançada, como também no de muito negro velho e no de muito caboclo crédulo.

Contavam-se dele coisas assombrosas.

Era ladrão de profissão e perverso por natureza.

Roubava o café das tulhas, bebia a cachaça das pipas, cavalgava o animal a noite inteira e emaranhava-lhe a crina, dançava no arrozal, enfim, causava mil prejuízos e fazia outras tantas diabruras.

Tudo quanto aparecia de malfeito era obra do Saci.

E, a despeito de meu pai – que não embarcava nessa canoa – me fazer sentir a falsidade de tal crendice que enchia de pavor o meu espírito infantil, a figura macabra do Saci mais se acentuava em mim, em face das histórias fantásticas que as pretas da fazenda me contavam.

Quando, em tempo das queimadas, ouvia ao cair da noite assobiar nas cercanias – Sa-ci! –, cheio de medo corria para casa, julgando-me sempre seguido pelo negrinho feiticeiro que, aos saltos e às cambalhotas, me perseguia na carreira.

Interessantes são as histórias que ouvi a seu respeito.

Contava-se que todas as sextas-feiras, à meia-noite, o Saci ia ao baile, debaixo das figueiras; e então arrancava as penas dos galos e galinhas para se enfeitar.

Era por demais perigoso passar alguém, em tal noite, por perto de uma figueira: lá estava o raio do Saci, de carapuça vermelha e todo enfeitado, a dançar e a cantar.

E quem ousasse surpreender o Saci nos seus folguedos perderia a fala e ficaria bobo.

O Zé Fernandes, um caboclo barbado e já avançado em anos, contou-me que, tendo necessidade de passar em noite de sexta-feira por um caminho onde havia uma figueira, topara com o Saci. E este, vendo-o, de um salto encarapitara-se-lhe nas costas e obrigara-o a disparar como se fora um cavalo.

E o seu medo foi tanto e tão grande que ele, Zé Fernandes, caiu sem sentidos num buraco à beira da estrada.

Só voltou a si ao romper do dia, e se nada sofreu além do susto, foi graças ao bentinho de Nossa Senhora.

– E até hoje – dizia ele – estou a sentir em roda do pescoço o braço gelado do negrinho e a escutar nos meus ouvidos os guinchos do demônio.

E, para que se não duvidasse do fato, o Zé Fernandes jurava, invocando quase todos os santos. Uma manhã aguardava eu a chegada dos animais. Queria montar no meu pequira, um doradilho de longas crinas. Ao vê-lo chegar, corri para pegá-lo. Mas o José, que cuidava dos animais, fez-me sentir que o pequira não podia ser montado, estava muito cansado. Pois ele e o bragado viajaram a noite toda: foram levar o Saci numa festa, lá no morro da samambaia.

E para melhor me convencer mostrava-me a crina emaranhada, onde o Saci se estribara, e o vestígio da sangria. Segundo me contou o José, o Saci depois de voltar das suas viagens sangra o cavalo para não ficar 'aguado'. Nesse dia o pequira descansou.

Quando vim para São Paulo, isto há vinte anos, já a figura do Saci havia se dissipado quase por completo de meu espírito, graças aos esforços e as constantes explicações de meu pai.

Não sei se em minha terra ainda se contam histórias a respeito do Saci. Talvez não. O tempo... o tempo...

O inquérito sobre o Saci levou-me a remexer a papelada e desencovar um soneto, escrito há uns dez anos, e que resume a minha concepção.

Se entender que ele merece agasalho em seu conceituado jornal, meus agradecimentos:

Quando o vento remexe do terreiro
A poeira que nos ares rodopia,
De rosto empipocado, mas brejeiro,
O Saci dá cambotas e assobia.

Apesar de perneta, o feiticeiro
Vive só a fazer estripulias:
Sova o pingo, desgalha o cafeeiro
E faz por toda parte uma arrelia.

Não tem morada certa: é vagabundo
Expulso dos infernos veio ao mundo,
Por ser demais perverso e malcriado.

E na terra onde vive por castigo,
Contando em cada canto um inimigo,
Vai pagando de todos – o 'pecado'."

Depoimento de Caçapava

Fala o senhor J. D. Machado Cesar e narra uma lenda muito curiosa.

"Um simpático casal de ceguinhos, amparando-se mutuamente pelas ruas, e sempre bem acolhido pela caridade pública, contava a história terrível do Saci: um moço muito apreciado na capela do Senhor Bom Jesus enamorara-se de uma moça bonita e, dentro em pouco, corridos os pregões, com ela se casara. Foram viver como agregados numas terras da redondeza que prometiam ao homem trabalhador fartas messes, bem o sabiam.

Terminada a sua casinha de pau-a-pique, coberta de sapê, começariam a plantação.

Não muito distante da morada foi escolhido o terreno promissor para a roça. Grandes árvores frondosas impediam que o mato miúdo nascesse. Era só cortar a cipoeira que envolvia o tronco e deitar por terra o pau-d'alho e outros.

Ela, com as panelas em canto da roça, preparava o almoço, enquanto o marido tão seu, tão querido, com a foice e o machado, punha mãos à obra. Ao pôr-do-sol voltavam ditosos; o terreno estava quase preparado.

No dia seguinte, ao romper da aurora, casada de fresquinho, feliz, carregando as panelas num balaio e segurando o vestido, fazia roçar na guanxuma orvalhada as canelas bem torneadas. O caipira, satisfeito, com o machado cortaria em toros o madeirame e o encostaria, à guisa de cerca, nos extremos da roça.

Mas, ó cruel decepção! Ao chegar, viam atônitos agitar-se como dantes, ao sopro da fresca brisa, os ramos das enormes árvores; e nem um cavaco no chão.

Ali havia alguma coisa, ponderou, pensativa, a cabocla gorducha.

Repetiram o trabalho: à tarde os cavacos novamente espalhados e as árvores por terra os reanimam.

Novas decepções, porém, os aguardavam na terra enfeitiçada. Pela segunda e terceira vez, as árvores se levantam.

Era demais! O caboclo perdeu a paciência; quebraria o maldito machado de encontro a uma grande pedra a seus pés. Ao partir a pedra uma cena tétrica deixa o pobre casal com os olhos esbugalhados, sem se poder mover. O Saci saltara com um arzinho sarcástico, pulando, pulando.

Pra tudo Deus dá remédio, porém.

A Generosa morava pra lá da aguada; a preta velha esclareceria tudo. E, sem demora, quando falaram, a preta respondeu que o Saci morava lá e que a sombra das árvores lhe era necessária.

Havia, entretanto, um recurso para que as árvores, ao serem novamente derrubadas, não mais se levantassem. Encontrariam numa destas, na copada da mais alta, pela madrugada – disse a preta – uma cabacinha, dentro da qual estava o feitiço do Saci. Enquanto a mulher preparasse um varal de rodilhas de cipó, o marido subiria à árvore. O Saci perseguiria os ladrões do seu encanto, mas não era nada. A mulher iria jogando pelo caminho as rodilhas de cipó e o Saci, furioso, as desembaraçaria aos poucos, pois esse cipó enrodilhado era para ele uma quizília do inferno. Assim, o casal se avantajava de modo a poder enfrentar a peçonha, a longa distância, e o Saci tinha de desaparecer. Dito e feito. E a preta mandingueira recebeu a paga do seu conselho – uma leitoinha gorda.

Tudo corria bem para o casal.

Tempos depois, porém, ao passarem pelo local, onde haviam enterrado a cabacinha peçonhenta, a mulherzinha insiste até conseguir que o marido a desenterrasse e a abrisse para verem o que tinha dentro. Foi um deus-nos-acuda. Não se sabe como podia ter ali tanto marimbondo venenoso! O casal ficou com o corpo estraçalhado e por fim os olhos foram furados.

O Saci que fez daquele casal ditoso dois infelizes mendicantes era um moleque muito preto e esquisito de feições, com riso de negrinho de senzala, capenga de uma perna e com uma carapuça vermelha."

Depoimento do senhor Fabrício Júnior

"Todos os brasileiros, nascidos e criados longe das cortesias chãs dum garçom ávido de gorjetas, dum Trianon qualquer, conhecem algo do Saci-pererê ou saperê...

Quantos sustos não tem ele passado ao menino travesso e ao caboclo mais afeito às matas virgens, ao sol tropical? Um pio à noite, na quebrada do espigão deserto, nada mais é do que um apelo do terrível sacizinho; uma perobeira que estala na mata virgem e boa, o ronco mais forte dum animal qualquer, o marulhar mais alto das águas do ribeirão, tudo denuncia, fala ao brasileiro 'genuíno' do saperê, que se não cansa de atormentar, de fazer partidas aos encantos corajosos.

Tudo o saperê...

Meio metro de altura, a barba como a de um bode, negro como um urubu, uma perna única apoiando o pé caprino, olhos grandes e vermelhos, boca aberta sempre num sorriso sarcástico e mau, uma carapuça vermelha à cabeça grande e disforme, em formato duma melancia comprida, dentes alvos e pontiagudos, como soem usar os nortistas, voz doce, harmoniosa, para mais facilmente seduzir a vítima, 'pito' sempre aceso ao canto dos lábios. Torna-se invisível quando lhe convém, entra em qualquer buraco ou fresta sem a mais pequena dificuldade, não tem morada certa, tanto que se viesse à capital, se quisesse sujeitar ao trabalho e não fizesse barro à estrada do belvedere, o que duvido, teria de sujeitar ao furor dos nossos 'Sherloks reissados'.

Quando eu era menino nada absolutamente me fazia passar próximo a uma moita d'assa-peixe, era ali que o Saci ia assar os passarinhos que furtava de nossos laços e arapucas e os peixes de nossas cevas.

Transformava-se num passarinho de cabeça vermelha e corpo preto, do tamanho dum melro e quando avistava alguém gritava, quebrando o silêncio das capoeiras e assustando as reses que no bebedouro descansam.

–Sa... ci... sa... pe… rê...?! – esse pássaro raras vezes era visto.

Sentia o Saci prazer em dormir nas porteiras ou pontes, tanto que é para os nossos caboclos grande ousadia passar pelos sítios onde há porteiras ou pontes, afrontando o talzinho.

Contava-me um caboclo de Ituverava ter topado com o Saci numa noite aluarada de dezembro, muito 'seu dono', todo refestelado, trepado na porteira por onde ia passar. Ao vê-lo, o animal, um poldro nervoso, refugou, e o caboclo quis retroceder; sem poder; então o Saci disse-lhe adocicando muito a voz, como se fora uma namorada:

– Seu Chico, você só passará aqui se me der fogo e fumo bom e levar-me à garupa até lá adiante, sem parar; porém, perto do rancho que ali tem...

O rancho era uma coberta onde existia uma cruz assinalando a morte de algum infeliz e que almas caridosas erguiam para lembrar ao viandante que tudo no mundo é passageiro e que por aquele que ali morreu rezasse um 'padre-nosso'. O seu Chico estarrecido fez o sinal-da-cruz, o Saci fugiu gritando:

– Você há de ver... negro ruim...

O caboclo passou a porteira; anos depois tendo de passar por um sítio mal-assombrado, 'A água parada', teve a infelicidade de se encontrar novamente com o Saperê... Aí sofreu horrivelmente, apanhou bons cascudos, sob risadas gostosas e gritos contentes:

– Não disse?! Faça mais aquilo? Faça? Tome, negro ruim... Tome...

O Chico desde essa vez tornou-se um grande poltrão, e ia sempre colocar nos moirões de uma porteira fumo e fósforos para o Saci. Em tudo sentia cheiro de alho...

Uma preta que nos serviu de ama dizia-me que o Saci adorava um pedaço de toucinho bem cozido. Quando eu sentia um pesadelo, sempre atribuía ao Saperê, pois eu o via, rindo, pulando na boca de meu estômago a fazer-me cócegas nas ventas, atirando baforadas de fumo e sarro do 'pito' de barro.

Há na minha terra uma casa onde antigamente funcionara uma loja maçônica; nós os meninos e as velhas beatas jurávamos convictos que aos sábados e sextas-feiras um bando de sacis, mulas-sem-cabeça, lobisomens em companhia dos maçons iam ali cear e dançar. Ceavam carnes de crianças; os pratos eram crânios ainda cheios de vermes, os garfos, mãozinhas de anjinhos ressequidas já, o vinho para o brinde era sangue das mulheres e dos filhos dos maçons. Quem preparava a ceia era a Maria Clara, velha papuda e mandingueira. Presidia o festim um enorme bode preto e um Saci-saperê, que sempre acabava tentando seus confrades maçons e seus parentes.

O Saci parece amar a música, pois não há muito soube que um 'tal desses' levou cerca de mês tocando gramofone e jogando estrume de animais na casa de um fazendeiro de Ituverava.

No mesmo lugar apareceu há muitos anos um menino que subia em paredes sem o menor apoio. Tinha, diziam todos, o Saci no corpo.

Eis o que me recordo por ora do Saci; irei indagar mais e mandar-lhe-ei, se for útil, mais alguma coisa.

Creio prestar um serviço, auxiliando a encher uma coluna do *Estadinho* para ser lida na esplanada do 'Trianon' entre um gole de 'thé', uma pitada de cocaína, uma curvadela reverente e grotesca de *'garçon'* e um tango."

Depoimento de um anônimo

> É de Itatinga. Diz que lá, entre o povo, ninguém discute a existência do Saci, nem os livres-pensadores, que os há. Nega-se a Deus, ao Saci não. Excelente povo! Conta o caso do senhor Samuel que...

"É o empregado mais velho da fazenda e tem o nome de Nhô Samé.

Dei ordem para ser queimada uma roçada muito grande, tendo reunido cinqüenta a sessenta homens para o serviço.

O Nhô Samé, como prático e mais velho de todos eles, ficou com uma turma vigiando uma beirada de café, para a qual soprava algum vento. Os demais homens espalharam-se pelos aceiros da roçada. A princípio a queima correu bem e o fogo prometia não fazer danos, apesar do vento que soprava para as bandas do Nhô Samé.

Passou, entretanto, o fogo, os aceiros, queimou cerca de mil pés de café novo e um grande canavial. Imediatamente fui chamado para examinar os prejuízos. Logo que cheguei, encontrei homens caídos, outros trabalhando e Nhô Samé, muito indignado com o Saci. Indaguei de que modo foi lançado o fogo na roçada, tendo obtido a resposta de que o fogo 'foi posto na regra', mas os culpados eram os sacis. Tratei de perguntar que era um Saci e então o velho Samé, de cócoras sobre um pau, narrou as passagens havidas durante a queima e que seguem:

— Logo o que o fiscal riscou o primeiro fósforo, eu vi que havia Saci na roçada, porque começou a assobiar, gritar, cantar e chorar. Impressionado, disse logo aos companheiros: o Saci vai espalhar fogo pelos cafezais, matas e canavial. O fogo foi 'parelho'; o Saci apertado, no meio da fumaça, voou, saiu do meio da roçada e passou por cima da nossa cabeça e foi cair do lado do seu Barros, tendo jogado fogo por tudo.

Perguntei que forma tinha o Saci e então o Nhô Samé descreveu-o como é sabido. É crença do nosso caipira que não se deve lançar fogo numa roçada, em dia santificado ou domingo, porque os sacis se reúnem e dão prejuízos. Vadiação, porque não querem trabalhar aos domingos, em caso de precisão."

Depoimento do senhor Bicudo

Policarpo Bicudo conta o que ouviu aos pretos da sua terra.

"Soubemos da existência do Saci-cererê, ou pererê, por ouvi-la de um preto velho, ex-escravo da nossa família. Ele asseverou-nos haver encontrado em uma sexta-feira, com o Saci, e mais ou menos se expressou assim:

– Um dia sinhá mandou-me apanhar vassoura de alecrim no pastinho de fora – pegado ao pasto grande, em nossa fazenda, existia um pequeno, denominado pastinho – e fui abeirando a estrada velha quando ouvi assobiarem: Saci-cererê... Saci-cererê, em som cavernoso e compassado; eu que sabia da existência do 'tinhoso' por ouvir contar a minha mãe, não liguei, a princípio, grande importância aos assobios persistentes, pois sabia que muitos moleques costumavam assobiar em arremedo ao 'endemoniado'; entretanto, a certa altura comecei a verificar uma grande quantidade de 'pintos de Cusarruim' a esvoaçarem pelos arbustos e selvas, em todas as direções – 'pinto de Cusarruim' é denominado certo inseto bem maior que os 'pernilongos' estegomia, de cor negra como o carvão-de-pedra – então, os meus cabelos arrepiaram-se. Era evidente que qualquer coisa de anormal existia por ali; quis voltar, mas a coragem faltou-me, tinha medo de olhar para trás. Um vento morno soprou, havendo uma nuvem de poeira avermelhada passado por mim, formando 'rodamoinho'. Olhei além e vi, distintamente, a poucos passos, um cabritinho de cor pardacenta a fazer cabriolas, erguendo as patas dianteiras e como que chifrando a poeira. Criei um pouco de 'corage' e disse: – Ué! Cabrito por aqui!!

Vai senão quando que não era cabrito, tinha uma perna só e cara de bugio magricela e, trêmulo, fui 'fastando'... fui 'fastando', para fugir, mas à medida que eu fugia o tinhoso vinha saltando de meu lado. Vi então, com grande espanto, que aquele ser estranho coçava sem cessar a barriguinha seca, fazendo mil trejeitos. Tinha um barrete cor de 'pupra' na cabeça e 'estralava' os dedos dos pés nos corcovos que dava para um e outro lado. Quando criei outra 'coraginha' fiz depressa o 'pelo-siná' e gritei sem voz: – Quem Deus Pade! Ave Mariia! Figa! Credo! Rabudo – e um cheirinho de enxofre bateu ali, desaparecendo a temerosa figura entre uma densa nuvem de pintos de Cusarruim. Não sei como cheguei em casa, 'sem bassora' bem se vê.

Somente sei que 'sinhá' me fez 'chá' de losna e mandou 'queimá parma benta' no terreiro, dizendo-me: 'Não conte pra ninguém senão...'

Éramos então criança e como os nossos pais não acreditavam em coisas sobrenaturais devido ao fato, segundo alegavam, de não pertencerem à religião católica romana, nós também não acreditávamos na existência do Saci.

Alguns anos correram e, quando moço, fomos empreender uma caçada de inhambu-guaçu, em uma mata distante. Fomos a sós. O dia estava quente, a mata num profundo silêncio como se não existisse vivente algum por ali. Seriam três horas da tarde e, como os inhambus não respondessem ao piado, sentamos para descansar sobre uma grande árvore caída ao solo. Aquele silêncio profundo deixava-nos com os nervos irritados e, quando menos esperávamos, ouvimos repetidas vezes o assobio relatado pelo preto: saci-cererê. Apesar de não acreditarmos na existência do tal Saci, um friozinho correu-nos pela espinha, correu...

Acreditamos que existe um pássaro que pia dessa forma.

Certa vez estivemos em uma cidade do interior em uma 'tocata' serenata, e quando com mais um companheiro que acreditava piamente na existência do Saci regressávamos para a casa, às duas horas, de um quintal que marginava a rua, cheio de laranjeiras, o mesmo piado: saci-cererê... partiu, rouco... havendo seguido os nossos passos por dentro dos quintais até a nossa casa, distante do lugar quatro quarteirões. O nosso companheiro ficou horrorizado apesar de pretendermos demovê-lo dessa pressão nervosa. Afinal, quando em nosso quarto nos preparávamos para o repouso, na rua, bem em frente à janela do nosso quarto, o mesmo piado tétrico fez-se ouvir de novo.

Apesar disso não acreditamos na existência do Saci, mas que existe um pássaro ou coisa semelhante que acompanha os indivíduos à noite a assobiar saci-pererê nas cidades do interior existe mesmo. Por várias vezes tivemos ocasião de observar esse fenômeno.

Nota importante:

O preto referido assegurou-nos que o Saci corre a cavalo e que não deixa repousar os animais, em certas sextas-feiras, como, por exemplo, a maior. Também sabia, por ter encontrado, certa vez, em uma 'barroca', um 'pito' de barro que o Saci fuma, mas não do fumo que usamos. Ele usa secar ao sol o elemento mole da galinha para aproveitá-lo, em lugar do fumo comum. Dizia ele ter visto em um pasto de 'caraguatás' diversos 'terreirinhos' preparados pelos sacis para a seca do 'perfumoso fumo', onde havia em grande quantidade o elemento, como se ali pernoitassem galináceos."

Saci, no rodamoinho,
aquarela de
Umberto Della Latta

Depoimento de Baependi

*"Filho das alterosas" manda de Minas
histórias das peraltagens do Saci dentro das casas.*

"Preto, saído das regiões infernais, subproduto degenerado da raça dos demônios, invisível, malfazejo por índole, destino e dever impostos às entidades lá de baixo, o Saci em minha terra é o autor de todos os males, desgostos e transtornos de menor vulto na vida das criaturas humanas. Falta-lhe uma perna às vezes e outras vezes só a metade e, por isso, caminha aos saltos, sem auxílio de aparelho algum. Nenhum obstáculo o detém; anda por toda parte; traz à cabeça um gorro vermelho, simbólico, e se desfaz em gargalhadas, quando contempla o efeito de suas malfeitorias, e essas gargalhadas, às vezes, são percebidas pelos sentidos da vítima que se aproxima do lugar para desfazer o malefício. Em minha terra quem mais padece do Saci são as cozinheiras, as pretas sobre todas. As senhoras donas de casa que se prezam exigem que as panelas sejam bem limpas, os pratos bem lavados, a comida sem corpo estranho algum. A cozinheira, diligente, ciosa do bom nome de perfeita em sua arte, logo pela manhã se entrega aos seus labores e, ali pelas nove horas, já as panelas estão metidas nos buracos do fogão a cozerem os alimentos, com todos os temperos e condimentos necessários para torná-los agradáveis ao paladar de seus patrões. Dez horas!

– Joana! – grita a patroa. – Põe o almoço. E lá vem ela, a cozinheira, com os pratos fumegantes para a mesa. Toma lugar o patrão, homem de meia-idade, um tanto despótico. À vista da cozinheira que pelos pratos relanceou os olhos, nenhum corpo estranho se apresentou. Entretanto os patrões encontraram: na verdura uns pequenos caramujos nojentos, melosos; no arroz uma mosca; no feijão uma barata; e na canjica o picumã; em contraste este com a cor da canjica, sendo aquele um corpo estranho preto que só um cego deixaria passar! E a cozinheira não viu! Esta entra em desespero ante os patrões já exasperados, com o apetite estragado em presença de tantas porcarias! A cozinheira volta logo o pensamento para o Saci diabólico que talvez ali esteja num canto da cozinha, invisível, em gargalhadas!"

Depoimento do senhor
Vieira Lessa

Estabelecer a equação do Saci em função da eqüidistância entre os focos infecciosos e as pessoas cultas mas crédulas. Atenção!

"A história do Saci, da qual nos pedis elucidações, é infindável e cheia de infinitas modalidades em suas concepções.

Muitas das quais comportando, como mui judiciosamente bem dizeis, base para estudo psicológico do povo.

A sua origem, porém, remonta aos primórdios da Terra de Santa Cruz e é fundamentada na crença mística subsistente na camada inculta, esse sedimento racial formado pelo concurso dos diferentes elementos étnicos para aqui aportados e em comunhão com os autóctones.

Todavia, mesmo entre pessoas eqüidistanciadas desse meio – talvez pelo contágio –, há as que levam muito a sério o duende a ponto de (por ilusão de ótica) verem-no umas, apalparem-no outras; e mesmo sentirem alguns, sob sua diabólica influência, a impregnação sobre a pituitária de H_2S: ácido sulfrídrico, ou o tal cheiro de enxofre. Entretanto os relatos que tenho ouvido sobre o Saci da boca ora do caboclo, ora do africano e ainda do coriboca, todos guardam mais ou menos a mesma originalidade, a mesma ingenuidade e na generalidade o estilo fantasioso. De todos eles, porém, ocorre-me relatar o que me foi narrado pela ex-escrava Isaura, na minha infância. Habitava outrora em Pindamonhangaba, em tempos que lá se vão, uma certa matrona, senhora respeitável e possuidora de avultados cabedais, entre estes alguns escravos. Esta dama, excessivamente religiosa, tinha por hábito invariável rezar todas as noites o seu terço antes de se entregar a Morfeu.

Era esta uma devoção cumprida sistematicamente acocorada e com os pés ambos recolhidos dentro da rede.

A rede, como é sabido, é um objeto integrante do mobiliário dos solares do nosso interior; é nela que se sentam os mais velhos; uma visita familiar, mas a quem se estima e, finalmente, a dona da casa.

Pois ali sobre a rede existente ao canto da sala de jantar dona Cândida, mergulhada no seu bojo numa postura à chinesa e tendo o indefectível rosário de contas pendentes das diáfanas e descarnadas mãos, assim posta, começava às oito horas noturnas o seu interminável rezar de terço. Mas seja porque fosse velha ou porque a monotonia da reza tivesse o efeito de um narcótico, o certo é que dona Cândida adormecia em meio desse exercício espiritual sem ultimar contagem dos tentos do seu rosário.

E, então, para livrar-se desse pecado mortal a boa da velhinha cada vez que acordava, sobressaltada, recomeçava, de novo, o seu terço. Assim ficava até horas mortas da noite tentando concluir a oração sempre recomeçada e jamais terminada, porém sacrificando a sua paciente escrava Isaura que a pé firme, por detrás da rede, enquanto a ama se detinha num misto de reza e sonho, friccionava-lhe a cabeça, praticando o chamado 'cafuné' tão apreciado naqueles tempos e religiosamente apetecido por dona Cândida.

Certa vez, porém, esta dama não teria dedilhado meia dúzia de contas do seu rosário e já cabeceava de sono e, enrolando no fundo da garganta as últimas frases, pendeu o busto desprendendo o resfolegar denunciador de um profundo sono dos justos se não a moderna beatífica.

Mas o seu sono era, contudo, agitado lá em sua profundeza porque dona Cândida via nesse momento, em seu espírito, um Sacizinho barrigudinho, muito pretinho, de pele reluzente, olhos vivos com a íris pigmentada de preto e a esclerótica luminosa, dentes alvos sobre gengivas rubras através de lábios grossos e vermelhos, trajava jaleco encarnado e à cabeça um gorro da mesma cor, e, não obstante ter duas pernas, uma era atrofiada, andava aos saltos fazendo piruetas, porém em um só pé, palmípede. E, no auge do pavor, dona Cândida via o Sacizinho, que tinha o tamanho de um moleque, aproximar-se rindo-se com a lingüeta de fora, a caretear e lhe puxar ora as vestes, ora o rosário; aflita, estava para arrebentar de susto e já suava em bicas quando recebendo um piparote no nariz entrou de reagir sonambulescamente entre gestos e palavras entrecortadas: – Isaura! Isaura!... Olhe o Saci... toque ele, Isaura!... toque! toque!

Neste comenos fora despertada por uma solene bofetada que a debruçara sobre a rede!

Dona Cândida, horrorizada, não vendo ao seu lado a escrava, aos gritos pavorosos abalou toda a casa. Todos acudiram... E a humilde Isaura, prestes, contou que também vira o Saci, que por sinal tinha barbinha de bode e que correu atrás dela até a cozinha e lhe segredou que batera em sinhara para que não dormisse mais na reza.

Entrementes, um dos presentes obtemperou: com o grito de sinhá, por despertar mais gente da casa, o Saci-pererê fugira (ele é medroso e não gosta de conflito), o que – valha a sugestão – foi visto por dona Cândida também, pulando por uma janela próxima, deitando fumaça de enxofre; e logo após todos ainda ouviram distintamente, lá fora, uma risada forte assim como gargalhada, que foi dando terreiro afora o terrível perneta, e em seguida o ladrar da canzoada acuando em sua perseguição; e, por fim lá no espigão próximo, além do pasto, ouviu-se o assobiar do patusco do Pererezinho.

No entanto, ao ouvir a criada e as confirmações, a velha matrona, recolhida, persignou-se toda trêmula: e, daí em diante, nunca mais dormia quando rezava o terço, o que fazia de um só fôlego, para regalo de Isaura, que resmungando dizia à Palmira, outra serva: – Quai Saci o quê... o Saci foi esta mão que tá qui – mostrando a mão direita –, o diabo da véia não deixa a gente drumi."

Depoimento do senhor A. C.

"O velho Juca Rego, homem sério e incapaz de pregar uma mentira, era antigo morador de São José do Praitinga.

Proprietário de uma pequena chácara a uns trezentos metros distante da vila, ali passava o tempo necessário para fazer a colheita de cereais.

Nos vastos terreiros, circundados por uma cerca de pau-a-pique, com entrada por uma porteira tosca, erguiam-se duas pequenas casas cobertas de sapê, distantes uma da outra uns cinquenta metros. A primeira, onde Juca Rego fazia sua residência temporária, erguia-se na parte mais alta do terreiro e a segunda ficava na extremidade do mesmo, em frente à porteira.

Residia nesta última o filho mais velho de Juca Rego, casado, e uma sua irmã solteira.

Essa modesta residência foi a escolhida pelo Saci para fazer as suas diabruras. À noite, logo que a família se acomodava, as espigas de milho amontoadas em um canto da sala eram arremessadas em todas as direções do interior da casa. Pela manhã, quando a dona da casa vinha ao fogão, encontrava tudo em grande desordem: o toucinho, a carne defumada, os atilhos de milho de pipoca que estavam pendurados em um varal em cima do fogão, as panelas de barro e outros utensílios da cozinha eram revolvidos juntamente com as cinzas do fogão!

A porta da entrada e as duas janelas ao lado foram riscadas com grandes traços de carvão. Correu em toda a vila a notícia de tão estranho acontecimento, e os seus habitantes em peso corriam à chácara de Juca Rego para ver as diabruras praticadas pelo Saci.

Em companhia do saudoso padre Bento Genro, também fui ao quartel-general do Saci, que nesse tempo tinha sido abandonado pelos seus moradores.

Nada vimos, a não ser os riscos de carvão sobre a porta e janelas... Alguns dias depois de nossa visita, a casa do filho de Juca Rego era reduzida a escombros por um incêndio.

E o Saci, depois dessa façanha, desapareceu para sempre.

***

Em uma roda de amigos. Cada um contava uma história sobre coisas sobrenaturais. O Antonio Policarpo, assim contou a sua:

– Sabem vocês que moro no bairro do Pico-Agudo, a duas léguas distante da vila, e que antes de chegar em minha residência, é necessário atravessar um grande morro, coberto de mata virgem.

Na noite de... ao voltar da estação de Guararema, cheguei à vila às nove horas. Depois de uma viagem de cinco léguas a cavalo, era justo dar descanso à minha cavalgadura, e só às dez horas continuei a viagem para o meu sítio. A noite estava muito escura.

Quando comecei a subir o morro, o escuro era tal que eu não via nem sequer a cavalgadura em que ia montando. Subitamente sinto qualquer coisa segurar-me pela cinta. Cresceram-me os cabelos e, ao voltar-me instintivamente para trás, vejo sobre minha garupa um negrinho de beiços muito vermelhos e risonhos, que, com uma das mãos, segurava-me pela cintura e com a outra empunhava um pedaço de pau piúca (pau podre) aceso!

O meu pavor foi indescritível! Deixei-me ir pelo andar paciente do animal que me conduzia.

Ao chegar ao cimo do morro, ouvi ao longe o cantar de um galo. Olhei para trás e não mais vi o Saci, que desapareceu como por encanto."

Depoimento do senhor A. Reinke

"Não há brasileiro que não conheça, de tradição, esta estranha personagem. Durante a infância a nossa convivência com os criados e, para aqueles que nasceram e cresceram no interior, os convívios com as amas, com os velhos pretos ex-escravos e com os caboclos fizeram com que se nos arraigasse no espírito, ainda em desenvolvimento, nessa idade, a idéia da existência de fantasmas e duendes, de demônios e capetas, de Saci e assombrações. Depois crescemos, formamos o espírito, nos civilizamos e ainda nos restam de tudo isto vagas e saudosas lembranças.

Os que vivem no interior mais na intimidade dessa classe de espírito inculto ficam fanatizados pelas crendices e superstições e há mesmo alguém que jura pela existência de 'coisas do outro mundo'. Esses seres abstratos que lhes povoam o espírito são inúmeros e recebem nomes diversos conforme a região e conforme o povo que os adota, mas na essência são todos semelhantes e todos capazes das mesmas façanhas.

Quem estas linhas escreve nasceu e cresceu no interior, em convívio com os caboclos e com toda essa casta de gente, em cujo espírito está fortemente arraigada essa crença.

É nos saraus festeiros, nos sambas, nos cateretês, em torno das fogueiras em noites de festa onde se reúnem os caipiras e os 'camaradas', que se ouvem os contos, histórias e façanhas, em que cada um se esmera em contar o que viu, ouviu ou que praticou. Dizem com toda a convicção, falam firmes e ai daquele que se mostrar incrédulo! E todos atentos e boquiabertos ouvem admirados as façanhas dos mais temerários.

Uma conta que, de 'uma feita' viera da cidade pra fazenda em noite de Sexta-Feira Santa e quando dobrou a encruzilhada da seninha, bem ao pé da cruz que existe à beira da estrada, viu uma Mula-sem-cabeça que corria aos pinotes, soltando fogo pelos olhos!

Confessa que, 'pela primeira vez na vida', teve medo, tremia, o chapéu dançava-lhe no alto da cabeleira eriçada, mas fez o 'pelo-sinal' com a canhota, rezou o Credo três vezes, de trás pra diante e a tal mula sumiu-se no meio da roça.

Um preto forte e espadaúdo narra que, num dia, ele e a mulher, estando de viagem, foram obrigados a pernoitar numa casa antiga, velho engenho de cana onde não havia quem não tivesse visto uma 'assombração' grande, vestida de branco e com enorme chapéu na cabeça.

Deitaram-se pela meia-noite, eis que aparece o tal fantasma que, por mais de duas horas, levou a tocar marimbau nos beiços. Debalde gritaram e só pela manhã se viram livres da visita importuna.

Um caboclo velho, barbado e tido na zona como incapaz de mentir, conta que, quando moço, era caçador apaixonado. Saiu um dia para a diversão e não tendo reparado que esse dia era santo, soltou os cachorros no mato. Depois de muito esperar, ouviu o latido do melhor cachorro da matilha e logo após uma quantidade enorme de porcos-do-mato que, grunhindo, passavam junto dele; esperou o último e qual não foi o seu espanto quando viu, montado no último porco, um homem alto, coberto de pêlos só tendo nua uma roda, em torno do umbigo!

– Era o Canhambora – disse ele – e voltei num carreirão pra casa e até hoje nunca mais cacei.

Um outro conta que a irmã era casada com um Lobisomem. Pois todos o conheciam durante o dia, vestido e parecendo um verdadeiro homem. À noite, sem que a mulher o visse, transformava-se num enorme porco, calçado de botinas e lá se ia para a rua a fazer diabruras: comia o sabão que encontrava nos lavadouros de roupas, lambia os tachos de gordura e avançava cego naquele que tivesse a infelicidade de o encontrar, não por ser mau, porém por ter interesse em fazer com que outros se transformassem em lobisomens. Pois é crença entre os caipiras que toda a pessoa que fizer sangue em um Lobisomem transforma-se, se for homem, num Lobisomem e, se for mulher, numa bruxa. Pois bem, uma dada noite a irmã do caboclo surpreendeu o marido em plena mutação, dando voltas e batendo o queixo; foi o bastante para ele abandoná-la e fugir e até hoje não se sabe para onde foi.

O filho do fazendeiro dizia que o demônio aparecera-lhe em casa sob a forma de um preto nu, com chifres e enorme cauda e fizera disparar uma espingarda que estava pendurada à parede.

As crendices populares, narrando com convicção estes fatos, fazem com que aqueles que os ouvem, crianças ou mesmo adultos de espírito atrasado, se convençam da existência dessas criaturas fantásticas imaginadas por eles.

Todos representam o Saci sob várias formas com que se apresenta para tentar e aborrecer a humanidade.

Dizem, no interior, que o Saci ou 'capeta' aparece, quase sempre, sob a forma de um pretinho magro, esguio às vezes nu, às vezes vestido de vermelho, sobre uma perna só. Traz na cabeça um gorro comprido afunilado.

A arcada dentária saliente e munida de dentes alvos e aguçados. Rosto fino, comprido e encovado. Fisionomia alegre, prazenteira e soltando continuamente um riso sibilado e fino. Semelhando à passagem do vento entre as folhas das árvores: si...i...i...i...i si...i...i...i si...i...i...i

É endiabrado e se compraz em desfazer tudo o que encontra. À noite embaraça a cauda e a crina dos animais, bole no ninho das galinhas; faz cair os tições dos fogões enchendo a cozinha de cinza, fagulhas e fumaça; cospe nas panelas quando a cozinheira é preta. Faz o vento assobiar nas portas e janelas. Quando as pretas dão à luz, o Saci passa horas inteiras junto do petiz a ensinar-lhe caraminholas e macaquices. Nos campos deixa as porteiras abertas; faz nascerem chochas as espigas de arroz; vai aos monjolos e os faz parar às vezes empinados e deixam queimar a farinha. Aproveita os dias de vento para atirar terra nos olhos humanos. E o povo supersticioso emprega contra essas mil diabruras uma porção de remédios e meios para evitá-las. Traz consigo bentinhos, figas, rezas, orações, rosários, cruzes, água benta etc. Diz um caboclo que o Saci havia mudado para a sua casa e para o ver fora foi preciso lavar a porta da casa com água benta. Quando perdem as coisas dão três nós numa palha de milho verde e deitam-na embaixo do pilão; a receita é infalível. Quando o Saci aparece na cozinha, a cozinheira dá as costas para o fogão e atira ao fogo três punhados de sal.

Para não fazer gorar os ovos das galinhas e evitar a ação maléfica do Saci, costumam fazer em cada ovo uma cruz de carvão. E dizem eles que quando o Saci está satisfeito das diabruras praticadas reúne os companheiros e todos de mãos dadas rindo-se e dançando sobre uma perna só saem aos turbilhões, levando palhas, ciscos e pó do chão, formando os redemoinhos e que só três dias depois é que aparecem novamente. Eis as noções que tive do Saci durante a primeira fase da minha vida e de que ainda hoje me lembro com saudades."

Depoimento do senhor
Renato Barros, de Casa Branca

"Na região em que vivo, desbravada por mineiros, corre a lenda do Saci, tal como é concebida em Minas. É sempre o negrinho vagabundo que à noite de boina vermelha perambula por estradas e montes, visita as velhas fazendas, correndo com a sua única perna assobiando, dando gargalhadas... E de quanta coisa não é capaz o Saci! Ora entra nas habitações, fuma pelos cachimbos que encontra, desarranja máquinas, ora leva mancheias de ouro aos seus aliados.

De um ancião, tropeiro de outrora, dos que transmontaram a 'Paranapiacaba', caminho de Santos, trilhando a vetusta estrada do Vergueiro, hoje remoçada, de um ancião, dizia, ouvi que nunca deixara de à tardinha ir ao moinho de sua propriedade acertar a mó, para que durante a noite fosse moendo fino fubá. Acontecia-lhe sempre pela manhã seguinte encontrar desengonçado o engenho a moer quirera grossa.

Já desanimado e decidido a abandonar o moinho sem préstimo, queixava-se com amargor a um seu compadre e vizinho, homem de prol e de bom conselho em assuntos tais.

– Não é nada, cumpadre, é só vancê botar uma cruiz por riba do muinho, que o negrinho não vorta.

E acrescentou sentencioso:

– Isso é arte do Saci, num é outra coisa.

De feito, seguido o conselho, jamais desandara o moinho. É fama por aqui entre gente da roça que a máquina de café de certo fazendeiro – um jovem *sportsman*, que às vezes pilota a sua 'Fiat' pelo 'corso' da avenida – fora incendiada por... um Saci!

Acredita-se também que quando as folhas secas bailam tangidas pelo vento, descrevendo espirais, se se jogar um rosário bento ao remoinho ter-se-á laçado o Saci, que é quem, invisível, agita as folhas no ar.

Quanto à minha opinião pessoal, tenho para mim que o Saci não é outra coisa senão um dos muitos mitos indígenas, desvirtuado pelo preto e assimilado pelo branco.

A forma original hoje evanescente do Saci, consoante o mito tupi, era a de uma pequena ave.

O Saci atual, o moleque peralta, é a forma africana do gênio indígena. Do lendário tupi, o que mais se assemelha ao Saci, tal como nos legaram as abusões das nossas adoráveis mucamas, é o Curupira.

Graça Aranha, em *Canaã*, conta-nos pela boca do Joca que é o Curupira (que o festejado homem de letras escreve 'corrupira', quando é certo que em tupi não existe o *r* forte) gênio mau em tudo semelhante ao popular Saci.

Não devo findar estas linhas sem que te apresente os meus parabéns pela ação patriótica que os teus artigos vêm exercendo, seguindo as pegadas do Mello Moraes e Arinos. Sem dúvida despertarão os gostos do nosso povo pelo formoso lendário nacional, caudal riquíssimo, qual filão ignorado, onde os nossos verdadeiros artistas devem beber a inspiração, como em uma fonte sagrada.

É necessário que espíritos como o teu procurem desviar os olhares dos nossos supercivilizados de beira-mar das exóticas 'árvores de Natal' e quejandas para o que é nosso, para o que sentimos e compreendemos, porque está na consciência de nossa raça, para não continuarmos a representar o papel degradante de nação desnacionalizada."

Saci destelhando casa, *aquarela de Norfini*

Depoimento em verso

*Vem de Pouso Alegre e assina-os o nome do
senhor Joaquim Queiroz Filho.*

Saci

Era uma vez um menino
Que tinha o triste destino
De trabalhar para o mal.
Quebrava a louça por troça,
Botava fogo na roça
Escancarava o curral.

Como o Pedro Malazarte
Era visto em toda parte,
Mas pulando em um pé só
Uma queda na cisterna
Foi que lhe quebrou a perna,
Segundo disse a vovó.

Caiu também na fogueira
Que ele acendeu na capoeira
Numa noite de São João.
E, mesmo branco que fosse,
Dessa maneira tornou-se
Pretinho como carvão.

Na poeirada dos caminhos
Levantava remoinhos

Que faziam sufocar,
E, nesse divertimento,
Aparecia um momento,
Para sumir-se no ar.

Achando pouco esses danos
Levava a gente aos enganos
Pois que sabia mentir.
Com tamanha habilidade,
Fazia tanta maldade,
Que nem as mãos a medir.

Em qualquer das conjunturas,
Invisível nas diabruras
Como o próprio Belzebu,
Quando alguém o procurava,
Ele de longe cantava:
– "Saci... cererê... nhangu..."

Mas veio um dia o castigo
Desse danado inimigo
Com infernal frenesi:
Para o sossego da gente
Ele virou de repente
No passarinho saci...

Hoje, tão triste e singelo,
Num desespero amarelo
Como a florada do ipê,
Nas fumaradas de agosto,
Geme com fundo desgosto:
– "Saci... Saci-cererê!..."

Depoimento do senhor
H. Salles

"Numa antiga fazenda deste estado fora conservado um negro velho a quem o 13 de Maio não tivera a propriedade de lançar ao acaso, como a tantos outros que imediatamente abandonaram as tristezas das senzalas pela satisfação da liberdade plena, eternamente sonhada.

Chamava-se Adão.

A cabeleira curta e encarapinhada já se mesclava de não raros fios brancos, prova evidente na raça negra de uma idade já muito avançada. O seu andar cadenciado e trôpego fazia supor que durante largo tempo, escravo de algum senhor carrasco, tivesse arrastado uma pesada corrente que lhe deixara o hábito de cambaiar.

Malgrado repetidas advertências para que poupasse o resto de suas forças, que descansasse mais, o velho preto, por costume ou distração, trabalhava de sol a sol, sem tréguas, pouco se lhe importando as torturas da canícula e os inconvenientes da chuva.

Bom contador de histórias, logo à noitinha ficava cercado por um rancho de crianças – e entre elas eu – que ouviam com grande atenção o desfiar de suas palavras arrastadas e confusas.

De todas as suas histórias aquela que mais me interessava e que sempre lhe pedia m'a contasse 'outra vez' era a do Saci-pererê.

Quando, enfim, acedendo aos meus rogos ele se dispunha a repeti-la, o seu rosto retinto e luzidio tomava uma tal expressão de horror que me causava medo.

Na sua algaravia especial o antigo escravo começava invariavelmente por este teor:

– Muita gente não acredita na existência do Saci. Mas eu, que já me vi atrapalhado com esse malvado do inferno, creio nele tanto como no Peri (Peri era um cão da fazenda).

Uma vez em que eu vinha de dar um recado para um sinhô moço da Boa Vista, o caminho estava escuro como carvão, nem se podendo ver onde a gente calcanhava o chão.

À saída de uma picada, já bem perto da fazenda, de repente pisei numa coisa mole e quente que me queimou a sola do pé. Pensando que fosse algum bicho cabeludo, desses que têm fogo nas costas, dei um pulo para o lado na intenção de logo em seguida largar a correr. Mas quando me aprumei não pude fugir. Um grito horroroso e longo, de arripiar cabelo pixaim, me 'entroncou' as pernas.

Não sei como foi, acendeu-se em torno um clarão como eu nunca tinha visto, e eu pude notar, bem na minha frente, um macaquinho meio pardo, meio vermelho, com um palmo de cara grossa e felpuda, rindo-se como cachorro louco e dançando desesperadamente com um pé só.

Nunca na minha vida tive tanto medo como nessa ocasião.

Antes que eu pudesse fazer qualquer movimento, o danado pulou para cima de mim e começou a arrancar-me os cabelos com fúria e sem dó. De certo me detiria deixando pelado como leitão se nesse mesmo instante não passasse por ali perto um cavalo de crina comprida.

O macaquinho, quando percebeu o animal, soltando outro grito mais forte e mais feio do que o primeiro, pulou-lhe para o lombo. O cavalo assustou-se, relinchou, deu uns corcovos e saiu galopando pela estrada afora.

O clarão logo se extinguiu e eu não pude ver mais nada.

Quando amanheceu fui campear o cavalo para saber o que lhe tinha feito o diabo do bicho.

O desgraçado estava frouxo, com arranhadura no pescoço e na anca, e os fios da cauda e da crina entrançados desde cima até embaixo.

Só então me lembrei que o tal macaquinho devia ser o Saci-pererê, pois em toda parte diziam que o seu maior prazer consistia em correr a cavalo encrespando-lhe as crinas..."

Depoimento do senhor Juca do Pari

"Dei gostosas gargalhadas ontem ao ouvir as narrativas feitas por personagens videntes, pois viram 'de verdade' o Saci, chegando uma delas a travar luta com o diabólico negrinho monolho-perneta.

Uma das personagens assim começou:

– O senhor não acredita no Saci?

– Não descreio, pois costumo respeitar a crença alheia, mas acho que o que se diz sobre o Saci não passa de uma lenda ou de uma visão causada pelo medo.

– Pois olhe, eu também não acreditava, mas posso lhe garantir que existe; eu já o vi e com ele travei luta, embora saísse vencido.

– E o senhor já o viu em carne e osso?

– Ora, já vou lhe contar: Uma vez, era quase noite, eu ia indo para casa, pela estrada antiga do Pari, beirando o rio Tamanduateí em demanda do bairro do Canindé, onde morava, quando ao chegar mais ou menos ali perto dos armazéns da Inglesa pulou na minha frente um pretinho perneta, com um gorro vermelho na cabeça. Cercou-me, pediu fogo e fumo, pulando, fazendo caretas e assobiando.

Achei atrevimento nele e neguei-lhe o pedido. Pois não lhe conto nada, o danado não me deixou mais; ia sempre pulando na minha frente, fazendo caretas, assobiando e manejando um porretinho.

Eu não reparava que ele procurava me puxar mais para a beira do rio, com certeza para me fazer cair na água.

Enraivecido, principiei a dar-lhe com um cacete que também levava e que por sinal era um bom pau de mamoninha, meu inseparável companheiro no trânsito da estrada.

Dava, porém, em vão, porque não consegui acertar-lhe uma só cacetada.

Contudo persegui o pretinho que continuava a me puxar cada vez mais para a beira do rio.

De repente, como que por encanto, ele desapareceu, deixando-me, além de 'bocó', muito cansado.

Quando dei acordo de mim, já me achava pertinho de casa e quase a escorregar para dentro da água. Contei à mulher todo o acontecido. Ela logo me disse: – Isso não foi senão o Saci que fez arte; não é você a primeira pessoa que o encontrou na estrada. Quando ele aparecer, faça logo uma cruz com a mão, que ele vai-se embora.

Outra narrativa ouvi de minha criadinha, uma moça filha de antigos escravos:

– Na fazenda onde eu morava, muitas vezes vi o Saci-pererê; era um pretinho perneta, de um olho só no meio da testa e usava uma carapuça vermellha.

Quando o vento fazia 'rodamoinho' na areia do terreiro, era sinal certo de que o Saci se achava no meio; era só jogar um rosário no 'rodamoinho' e o Saci desaparecia.

Uma tarde, eu estava assentada com papai e mamãe, à porta de casa, na colônia, quando um cavalo chamado 'Pelintra' passou corcoveando e em disparada. Papai disse logo: – Isto é arte do Saci que está atormentando o 'Pelintra'; vocês vão ver como amanhã ele está com a crina toda trançada.

De fato, na manhã do dia seguinte, o 'Pelintra' pastava na frente da casa e se achava com a crina toda em tranças tão bemfeitas que era impossível desatarem-se os nós.

– Não disse – exclamou meu pai – que Saci viajou de noite no cavalo? Para se desmanchar estas tranças, é preciso se fazer uma cruz de toucinho salgado e amarrá-la numa das pontas.

Assim fizemos e as tranças se desmancharam."

Depoimento do senhor J. Pereira da Silva

Este lança uma nova modalidade quanto ao sobrenome do Saci. Quer que ele seja Saderê.

"Dentre as muitas pessoas que têm feito observações sobre o Saci, chamando-o de Saperê, creio que o verdadeiro nome desse esquisito duende deve ser 'Saci-saderê', segundo ouvi contar por meus avós (quando nos reunimos à noite, em volta da lareira, assando milho verde), que tiveram ocasião de observá-lo a desoras, fazendo diabruras com diversos animais. E, de mais a mais, a pronúncia de 'saderê' corresponde melhor à eufonia.

O saudoso poeta Ezequiel Freire, em umas das quadras que escrevera sobre o Saci, pinta-o como 'trajando quimão de baetilha escura, carapuça em funil, hirta e vermelha; leva na destra as rédeas da tabua e a ponta do cigarro atrás da orelha'.

Agora, se ele fuma, é que não posso afirmar se é verdade ou era também imaginação do poeta.

Não só baseado nas afirmações dos meus antepassados, como também nas de vários caboclos tropeiros, visto como já habitei pelos recônditos dos nossos sertões, lembro-me que eles nos contavam travessuras do Saci-saderê, quando passavam para ali em demanda de Mato Grosso.

Disseram-nos eles que certa noite de luar argênteo os animais da sela corriam de lá para cá, relinchando.

O capataz, que acordara com o barulho desusado, mandou incontinênti um camarada de nome Bonifácio verificar se se tratava de ladrões, o que era comum naquelas cercanias. Bonifácio, atravessando uma 'tigüera' que existia naquelas imediações, observou um vulto sobrenatural; voltou novamente à barraca, todo espantado, quase sem fala, e nos relatou que vira um pretinho de gorro vermelho à cabeça, beiçudo, assobiando e fazendo mímicas, montado em um alazão e vergastando-o com uma varinha.

O capataz, que não acreditava em duendes e muito menos em contos da carocha, ficara curioso e não tardou em ir verificar o tal pretinho. Chegando ao local, tivera ensejo de observar o mesmo fenômeno. Os seus cabelos ficaram eriçados e, daí a pouco, voltava à procura dos companheiros de viagem.

Até que por fim foram todos armados de carabina, facão 'lapeano' à cintura e, ao darem com o tal moleque, este dera um grito estridente, sumindo pelo capoeirão adentro, cujos ecos foram se perder pelas grotas escuras e chapadões soturnos daquelas paragens bravias.

Os que ficaram com receio do Saci faziam preces e o sinal-da-cruz, exorcizando-o e mandando-o às areias gordas.

Também é crença geral dos caipiras que o Saci-saderê sai às Sextas-Feiras Santas, às horas mortas, atravessa as encruzilhadas e espanta os viandantes notívagos, chegando até a saltar na garupa dos animais."

Depoimento de um "Bandeirante"

Relata "fatos verídicos" passados com pessoas de sua família, não longe da Paulicéia.

"Era pelas férias do fim do ano. Seguindo uso costumeiro, dirigimo-nos para o sítio de pessoas de nossas relações, não longe de São Paulo, em Campo Grande. Tomamos, pois, um trem na Central e, sem novidades, chegamos à referida estação, onde um carro de bois nos esperava.

Seguimos para o sítio, distante algumas léguas da estação. Entretanto o dia morria e, quando nos apercebemos, estávamos junto a uma porteira e à boca da noite. A nossa hospedeira recomenda então ao carreiro que passe com mais velocidade aquela zona. – Por quê? – perguntamos. – É porque o Saci gosta de fazer das suas por aqui – respondeu-nos ela.

Nem bem eram ditas essas palavras e os bois começaram uma correria louca pelo campo. Soltavam horrorosos mugidos enquanto as crianças faziam um berreiro infernal no carro, originado, já se vê, pelo terror. Súbito ouvimos estridentes, metálicas risadinhas, acompanhadas de ensurdecedores assobios que vinham fazer um infindo eco nos nossos ouvidos. De repente o nosso carreiro grita-nos: – Olhem o Saci!... Olhem o Saci!...

Voltamo-nos para a direção apontada pelo carreiro e vimos um vultinho preto, pretíssimo, com uma só perna, lábio e olhos vermelhos e com um barretinho da mesma cor na cabeça. Era o Saci. Estridentes e repetidos assobios sibilavam nos nossos ouvidos. Entretanto o Saci não parava, o leito da estrada subia aos lombos dos bois: de dois a três palmos de altura elevava-se a dois, três metros, para voltar de novo a ínfima altura. E isso nos acompanhou até a porta do sítio.

Agora outro caso:

Um fazendeiro das redondezas de São Paulo começou a notar a morte de muitos cavalos que amanheciam com a crina tão bem trançada que só à faca se podia endireitá-la.

A isto, juntava-se o fato dos arreios amanhecerem espalhados no terreiro.

– São artes do Saci – diziam-lhe. – O negrinho vai primeiramente buscar os arreios, monta os animais, trança-lhes a crina, e alguns, com as correrias obrigadas pelo Saci, morrem.

A isto vinham juntar-se surdos rumores ouvidos pelo fazendeiro. Este não vacilou mais e uma noite não dormiu, esperando pelo Saci. Estando na fazenda, acompanhei o meu hospedeiro na vigília. Às duas horas da madrugada percebemos os rumores. Armou-se, então, o fazendeiro com um bom rebenque e, seguido por mim, foi ao lugar onde se guardavam os arreios. A porta estava entreaberta. O fazendeiro, fazendo sinal para que eu esperasse, entra no quarto pé ante pé. Não podendo resistir à tentação, avanço também e vejo o negrinho de carapuça, acocorado em um canto, pegando os arreios. Assim que ele nos viu, levantou-se e, saltando, foi se colocar em um dos ângulos do quarto. Entretanto, o fazendeiro procurava uma boa ocasião para dar um relhada no maroto. Quando o meu hospedeiro se preparou e arriou o braço para descarregar a merecida relhada no Saci, este dá um estridente assobio e passa como um vento por entre as pernas do irado fazendeiro que, de susto, cai sem sentidos, enquanto se ouviam, ao longe, as irônicas risadas do 'dianho do negrinho'.

Ainda outro caso:

Este aconteceu com um homem já falecido e ao qual a sociedade paulista muito deve. Em uma Sexta-Feira Santa o referido senhor, que, nesse tempo, era estudante, foi convidado por um seu amigo para caçarem, de parceria, lá pelos lados da Consolação, onde havia muita caça. Lá chegando, cada um tomou seu lado, combinando reunirem-se em determinado lugar, ao ouvirem o som dos apitos que ambos levavam. O estudante, então, como não tinha vontade de caçar, por ser

Sexta-Feira Santa, procurou um lugar aprazível, onde se dispôs a desenhar.

À tardinha, o nosso homem levanta-se para ir ao encontro do amigo. Assim, porém, que assobia, vê um vultinho preto correndo adiante dele.

Julgando ver o seu amigo, também o estudante começa a correr e a chamá-lo. O vulto, porém, nada responde, continuando a correr, seguido de perto pelo estudante que, apesar de ser bem servido de pernas, não logra alcançá-lo. E assim os dois se afastam do lugar, descem e sobem morrinhos, fazem curvas perigosas, saltam valados, até que o negrinho pára, assobia, volta-se para trás e faz uma careta tão horrível que o estudante cai sem sentidos, percebendo o seu engano. Horas depois é encontrado pelo companheiro de caçada que, como louco, o estava procurando."

Saci no rodamoinho, *aquarela de Norfini*

Depoimento do senhor Carlos d'Eça

Depois de várias considerações que o levam a optar pela forma Cererê, onomatopéia do canto da tal avezinha que a lenda aponta como o próprio Saci disfarçado, entra nos domínios das reminiscências.

"Lembro-me bem daqueles tempos, sem embargo dos trinta e muitos anos decorridos.

Depois de orar junto de minha mãe as 'ave-marias', nos meses de inverno, em que a noite desce mais cedo, corria eu para o 'varandão', ansioso por ouvir as histórias maravilhosas do 'príncipe encantado', da 'Mourama', da 'Bela e a fera', do 'Aladim' e outras e muitas outras que minha alma de criança sorvia avidamente.

Foi assim que se incutiu na imaginação e nela tomou vulto a figura sinistro-jocosa do Saci-cererê, negrinho peralta, esperto e maligno, todo vestido de ganga encarnada, na cabeça uma carapuça pontiaguda da mesma cor, os olhinhos brancos e ativos a luzirem, irrequietos e maliciosos no nanquim tapado da cara redonda; lábios rubros e grossos, entreabertos, deixando ver a dentadura muito alva e de serra, como se fosse limada. Na treva profunda da noite alta lá vai ele, aos saltos na sua única perna, pelos pastos e valados em demanda de um cavalo. Aproxima-se-lhe, trança-lhe na crina uma laçada à guisa de estribo e monta-lhe o pescoço. Ei-lo a galopar desenfreadamente, à toa, sem rumo, até que o prenúncio da madrugada o fez abandonar o animal e esconder-se no seu antro ignorado, por caminhos ínvios, procurando evitar os encontros perigosos do Lobisomem, de quem ele treme.

Nessa manhã, ao ser recolhida a tropa no mangueiro, nota o 'patrão' que um cavalo vem suado e 'fino', a crina emaranhada e coberta de carrapicho.

Não procura indagar da causa; para ele não tem que ver, foi o Saci, o negrinho excomungado, de uma perna só. Mas, deixa estar, ele lhe pagará! Irá pedir à Tia Balbina, emprestado, o seu rosário de quinze 'padre-nosso' e, à meia-noite, na despensa da cozinha fará uma fogueira e quando esta se for apagando aparece, com certeza, o Saci para ateá-la. Então ele, de longe, atira-lhe o rosário ao pescoço, o Saci 'soverte' para nunca mais, deixando o rosário.

A Tia Balbina não tem medo de Saci! Chama-o até: – 'Saci-cererê!'. E ele responde: – 'Acende o pito, siá Balbina' – e vem, pula-pulando, a tremer, com medo do rosário de quinze 'padre-nosso'. Que pavor tinham os ingênuos, nesses ledos tempos, da Tia Balbina, velha mineira que vivia retirada e só, numa tapera, lá para a banda das 'Taipas'! Que papel representou tal crendice na minha vida? Nenhum. Reminiscências dulcíssimas... Saudades perenes do 'meu tempo' e da minha terra donde saí há 26 anos e onde nunca mais pude voltar.

O *struggle for life* fez apagar-se-me na memória a figura do Saci agora revivida.

Qual a forma atual da crendice na zona em que resido?

O pessoal da zona é 'escovado'. A crendice, mesmo nos mais antigos, está quase extinta. Existe ainda um ou outro caboclo velho que 'agarante' ter visto e 'escuitado' o Saci. Esses, porém, são raríssimos.

Para a quase totalidade, o Saci já não passa de 'conversa fiada' e 'embromação'. A pitoresca lenda desaparece, escorraçada pelo elemento estrangeiro que a ela e às suas congêneres se não adapta, pelo menos aqui.

Quanto aos 'casos passados ou ouvidos' que eu sei a respeito do Saci, são eles tantos e tão conhecidos que me arreceio de repeti-los. Contarei apenas um, que, por ser inédito e se ter verificado aqui, neste município, talvez mereça a pena ser narrado.

Foi aí por meados do último quartel do século passado. Um fazendeiro, querendo aproveitar as noites de luar, pela sua fresquidão e amenidade, ordenou ao carreiro que jungisse os bois, à noite, pois desejava transportar, no carro, uma partida de café em coco para ser beneficiado na máquina de um amigo que morava distante. Às dez horas saía o carro carregado.

Cerca de meia-noite começou a entrar na estrada da mata, assim chamada devido ao espesso arvoredo que a ladeia.

Ao penetrar o carro no bosque ia o fazendeiro sentado sobre os sacos de café, distraído, a chupar cana. O carreiro, de pé no cabeçalho, incitava os bois, mais por hábito que por necessidade.

O carro rechinava dolente, despertando os ecos no coração da mata. De súbito parou. Os bois, a uma, despedaçando cangas, arrastando tiradeiras e partindo chifradeiras, abalaram, aos arrancos, tombando o carro e espalhando a sacaria.

O fazendeiro foi arremessado a distância, meio desacordado. O carreiro, esse, envolvido na aluvião de peças partidas, teve uma coxa luxada e só voltou a si horas depois.

Qual a causa do estouro?

Um Saci trocista que, saindo da mata, meteu-se por entre os bois, para atravessar a estrada. O carreiro teve tempo de vê-lo, mas não de evitá-lo.

Creio que esse antigo sertanejo ainda vive. Se assim for, é certo que se benzerá todas as vezes que vir um redemoinho de vento, invenção e divertimento do Saci-cererê."

Depoimento do senhor Fernando Guimarães, de Pau Arcado

"Contava o Nhô Chico Emboava de Santo Amaro:

– Lá no bairro do Pau Arcado, aonde nóis morava, eu i meu mano Juca, havia um Saci – o pretinho de uma perna só que não dexava a gente sussegá.

Uma feita, a famia tinha ido pra cidade i nóis ficamo, pra mór de uma caçada de paca que nóis tinha combinado fazê de madrugada, ante de creará o dia.

Nóis se aprontamo e fumo se deitá mais cedo pra não perdê a hora.

Na varanda de jantá tinha uma rede de argodão. Os dois quarto pegado aonde nóis se acomodava tinha porta pra varanda. Nóis logo que se deitemo apagamo o candieiro. Ficô tudo na escuridão.

De repente, eu não tinha ainda pegado no sono i eu ouvi – *nhéque... nhéque... nhéque...*

Ué! Tem gente se abalançando na rede! – Juca, Juca, vancê intão não qué dormi? Não se alembra que nóis precisamo se alevantá às treis, pelo menos?

Meu mano Juca não me arrespondeu. Me alevantei. A porta do meu quarto estava aberta. Risquei o fórfo e oiei... Nada! Tava tudo parado. Não tinha ninguém na rede.

Eu não me assusto cum quarqué coisa i pensei logo que tava sonhano. Fui me deitá ôtra veiz i nim bem apaguei a luiz, a rede a continuô – *nhéque... nhéque... nhéque...* i com mais força.

Ó dianho! Levantei-se devagarzinho i fui de ponta de pé, i quando cheguei na porta, risquei o fórfo! Crues! Tava tudo quieto!

Fiquei zangado. Arranquei a rede do lugá e juguei em riba da mesa de jantá.

Fui se deitá ôtra veiz, mais meio arranhado côa brincadeira. Mais não tive tempo pra me cobri e já principiô um baruio inferná côas argola da rede – *tréque... tréque... tréque...*

Meu cabelo arrepiô, mais como nunca corri de cuca, assentei de vê o que era aquilo.

Acendi otra veiz o candiero e fui acordá o mano Juca, que dormia como um porco:

– Vancê está hoje de arrelia?! Não dexa a gente dormi. Óie que nóis temo que matá a paca, hoje, sem farta.

– Vancê é que tá sonhano, Nhô Chico.

Apercebi intão qui o mano tava memo dormindo i lhe contei o causo da rede.

Meu mano disse que talveiz fosse o compadre Leoné que dorme pegado, no rancho, que tava caçoano de nóis.

– Quá o quê – disse eu.

A noite tava carma, apenas assoprava um ventinho fresco. A lua tava crara e o céo semeado de istrela. Abri a porta que dá no terreno; o candiero apagô de tudo e o pretinho de uma perna só saiu dando um risada vermeia de fogo, despejando um chêro de inxofre pelo terrêro afora..."

Depoimento do senhor M. A. Sant'Anna

"Regulava eu pelos meus 12 anos. Criado numa cidade litorânea de nosso estado, era testemunha inconsciente das histórias contadas pelas 'tias velhas' que na sua pachorrenta vocação procuravam incutir no espírito da meninada crédula e medrosa a existência quase palpável desses bizarros habitantes dos lugares mal-assombrados.

Umas vezes eram as mulas-sem-cabeça que corriam ao longo das praias, ao luar, deitando fogo pela boca; outras, os lobisomens que corriam desnorteados pela noite erma ao alarido infernal da matilha que os perseguia; outras, os fantasmas medonhamente esgueirados que a passos lentos e aspecto impassível faziam a sua funérea passeata pela cidade até se perderem de vista pelos rochedos ou pelos morros afastados.

Lembro-me de um rapazola que, em casa, tivera ordem de ir a uma outra praia distante da cidade uns oito quilômetros, desempenhar-se de um serviço. Para esse mister necessitava atravessar um caminho estreito sobejamente ensombrado de árvores que, à noite, ao açoite da lufada, gemiam vagarosamente, infundindo terror a quem delas se aproximava.

Entre essas árvores existia a lendária figueira que, segundo a crendice dos praianos, tem a virtude de atrair as almas penadas e de ser o *rendez-vous* dos espíritos das trevas.

E o nosso rapaz, vendo cair a noite, relutou heroicamente em fazer esse caminho, asseverando judiciosamente aparecer a essas horas na tal figueira um 'corpo seco' que muitas vezes fora visto baloiçar-se macabramente a um galho.

Sobre o 'Saci', propriamente, as versões são inúmeras. É conhecido naquelas bandas por 'Saci-paterê'. Às ave-marias faz-se ouvir pelas matas verberando no silêncio da noite o grito que o caracteriza. Assume a forma de um pássaro-preto, dançando numa perna só com uma agilidade diabólica. Persegue também os animais no campo e monta-os, servindo-se da cauda como rédeas.

Quando os pescadores, para não perderem a madrugada, vão pernoitar nos ranchos à beira da praia, a certa e determinada hora são surpreendidos pelo Saci arvorado em chefe malfeitor.

Esses homens costumam deitar-se nas próprias canoas e, quando senão quando, são despertados pelos safanões da embarcação, olham em redor e vêem um bando de sacizinhos todos pretos e de carapuças vermelhas a empurrar a canoa no meio de assobios e gargalhadas estridentes. Só se erguem estremunhados, fazem o sinal-da-cruz e apostrofam um 'creindospadre' tonitroante. Ouve-se um estouro e o bando se dilui no espesso da fumarada de enxofre."

Saci na cavalhada, *quadro a óleo de R. Cipicchia (premiado em concurso)*

Depoimento do senhor
Luiz Fleury, de Sorocaba

"Com horripilações de puro medo, ouvia, tamanhinho, as convictas narrações ingênuas feitas pela velha preta Catarina, agregada de casa, das não menos ingênuas diabruras do Saci.

Pintava-mo como sendo um negrinho de ventre rubro, à cabeça um barrete da mesma tinta, as mãos perfuradas e a deslocar-se rápido, aos pulos, sobre sua perna única.

Notívago. Aparecia pelas matas, campos, estradas ermas, solitário ou em bando numeroso, assobiando: 'Saci... pe... re... rê...'.

E hoje fico-me a cismar na extraordinária onomatopéia que é o nome do duendezinho. Que realidade imitará, se aquele assobio é tão irreal como o Saci? Explica-se, talvez, o caso, por uma influência analógica do citado fenômeno de linguagem.

– Que o Saci gostava muito de andar em 'montaria' – afirmava a Catarina.

Quando topava um cavalo no pasto, laçava-o com o cipó, trançava-lhe a crina à laia de estribos e rédeas, encarapitava-se-lhe no pescoço, atirando o pobre animal em desabaladas carreiras, até o exaurir e aguar. Ao outro dia era um 'deus-nos-acuda' para desentrançar as crinas, que, vezes não raras, fazia-se necessário cortá-las, na impossibilidade de desatar os nós, arrochados 'à sustância' e de feitio tal que ninguém lhe conhecia o mistério.

– Quando a gente quer uma coisa difícil, nhonhozinho, é só amarrar o Saci num rosário de capim.

– Não te solto daí, cabritinho, enquanto não me fizer isto! Eh! O Saci fazia mesmo! Ora se...

Assim praticavam as costureiras. Porque, coitadas, o moleque punha um especial e imenso prazer em apoquentá-las! Escondia-lhes os dedais, as agulhas, as tesouras, embaraçava-lhes a linha...

De todo inútil atá-lo à mais forte corda, ou agrilhoá-lo com as cadeias de mais grossos elos: rebentava, espatifava tudo como a alfenim e fugia...

Ao revés, em sendo preso num rosário, ou numa palha apanhada em redemoinho, com três nós e orações apropriadas, preso ficava até que se resolvesse a gente a dar-lhe de novo a liberdade.

E Catarina ria-se aos guinchos, entretanto que eu vagamente pensava em amarrar o Saci, obrigando-o a satisfazer os meus utópicos desejos infantis: duplo sonho de vencer com o impossível o impossível...

Mas os 7 anos aceitam tudo – como o papel. Não digo bem; fazem mais: carregam sob o império da auto-sugestão.

Não me enchia a medida à imaginativa a descrição feita pela negra velha; era-me insuficiente a volúpia do terror aquele Saci sem traços exageradamente pavorosos, terrificantes: e eu completava-o, por conta e risco da minha inconsciência – tão grande que eu cria depois arrepiadamente no que inventava para essa obra irreal de requintes, quiçá de psiquismo transtornado pelas outivas continuadas de histórias, tecidas exclusivamente de excitantes às 'fobias'.

Criei-me o meu Saci. Podiam-mo figurar como quisessem; eu visionava renitentemente o filho do meu prisma interior: carinha retinta, engelhada como a de mono em ríctus numa exposição de arreganho, toda a multidão amarela dos grandes dentes pontiagudos; orelhas enormes, à semelhança das de morcego; corpinho obeso de glutão, forrado por uma espessura negra de pêlos: e a perna única – oh! Que sabor nesta singularidade impossível de rejeitar! – a perna única era fina, de azeviche, terminada em garras de corvo! E os olhos? Grandes, redondos, esbugalhados, abrindo duas vivas chagas de fosforescência sangüínea na escuridão! Quanto à barriga vermelha – não sei surpreender o porquê sutil – era-me inadmissível.

Outras poucas concepções, adquiridas mais tarde, tentaram superpor-se à que eu formava do estranho mito – estranho principalmente se atentarmos no fato de ter sido ele um produto da psicologia dos silvícolas, que nunca poderiam ter visto nada de uma perna só. Nada, a não serem certas aves – lembra-me agora isto – ribeirinhas notadamente, quando na posição peculiar de repouso paradoxal – atenta a maior dificuldade do equilíbrio – sobre uma só das patas.

Como da aludida tentativa de superposição resultasse uma tal confusão amorfa de imagens, que impossível me fora precisar a incoerência compósita dos contornos, passei a suspeitar houvesse várias espécies de sacis, ou, pelo menos, que o duendezinho fosse um êmulo de Proteu...

O certo é que à minha eu preteria todas quantas concepções me diziam. Instinto de paternidade!

Catarina contava, repisava sempre as mesmas histórias: crianças pelo Saci atraídas com lindos engodos e promessas lindas, para o mato, onde as abandonava perdidas; pessoas do tempo 'de d'antes', que amarravam o moleque para lhe exigir riquezas, ou que, para o mesmo fim, lhe arrebatavam de surpresa a carapuça vermelha – cuja posse constituía para o endemoninhado negrinho, condição *sine qua non* de seu poder sobrenatural; sacis que se laçavam com rosário, ou se apanhavam com peneiras em redemoinhos; tudo coisas muito sabidas.

Lá vão duas histórias:

Certa vez um cavalheiro, viajando altas horas, foi assaltado por um Saci, que se escanchou na garupa e se pôs a azoiná-lo com a pua estridente do assobio. O homem, conhecedor do ponto vulnerável do Saci, sofre-lhe pacientemente todas as diabruras, na expectativa de um momento favorável para lhe iludir a desteridade extrema e subtrair-lhe o barretinho. É o que se dá, afinal.

E logo o Saci, numa humildade tão miserável como a humildade humana, a suplicar, suplicar com lágrimas – restituísse-lhe a sede do seu poder diabólico, que em paga daria o que lhe fosse pedido...

– Dinheiro! Uma pilha de ouro! – brada pronta a avidez do viajante.

Já um montão de moedas despede faiscações fulvas no meio da estrada, magnificamente luarizada!

O viajante salta do cavalo na ânsia de ouro que o dementa e quer como que abarcar aquela profusão inconcebível de moedas amarelas que rolam, fogem, tinindo, retinindo soberbamente... Perdido esforço em que tressua e todo treme e vibra, numa febre. Súbito, todo aquele imenso tesouro faiscante se lhe sumira à vista, num átomo de segundo, como sorvido por um fundo abismo hiante, logo fechado!

Mãos crispadas, olhos saltados numa exoftalmia de ira, o homem volta-se de repelão, como disposto a jogar-se sobre o Saci e reduzi-lo a postas, ao patife!

Mas este, já de gorro à cabeça, pulando, pulando, com o polegar sobre a ponta do nariz e a mãozinha negra espalmada num gesto punha de escárnio, acabava de evaporar-se, com um *fiiiau* de perfurar os tímpanos...

É que o homem se esquecera de benzer o ouro!

Esta agora, de um ateu, cujos lábios tanto conheciam as blasfêmias horripilantes quanto ignoravam as orações.

Vindo a recolher-se a desoras por uma noite esplêndida de verão, em que andara a passear a sua insônia à grata frescura do sereno, um Saci atravessa-se-lhe diante, salta-lhe aos ombros, põe-se-lhe a trançar apertadamente a cabeleira que usava grande. Tratava aquele corpo que a tão bruta alma escondia como a um bruto, um animal.

Baldadamente lutava o mísero, sentindo o couro cabeludo repuxado em milhões de pontos que lh'o crivavam de milhões de dores agudas, num desordenado desespero, por sacudir de si o ser demoníaco, que, certo, prontas as tranças, havia de o impedir pelas ruas afora, numa hipogrífica disparada de morte...

Percorriam-lhe mesmo os nervos das pernas, a despeito de todo o esforço concentrado e contrário da vontade, uns pruridos impacientes, tais como os que devem sentir os cavalos de corrida que esperam o sinal de partir...

Em apuros tais, que alma de bronze não vergaria genuflexa?

Por sem dúvida que mais vale ser beato do que azêmola!

E, sob o testemunho dos infinitos olhos nictantes dos céus – o ateu baqueou de joelhos e... forjou uma oração!

Milagre! O Saci desapareceu desprendendo um forte cheiro de enxofre e os milhões de dores curaram-se.

E ao seguinte dia os primeiros raios do sol vieram beijar a fronte contrita do ex-ateu, que ainda trespassado de orvalho forjava, forjava e forjava mil e uma orações...

Na esperança de colher coisas interessantes, tratei de ouvir algumas pessoas. Foi uma decepção, quase, como se verá.

– Aqui vim especialmente para que me conte o que souber a respeito do Saci.

– O quê? Do Saci?!

E a velha a rir-se, na surpresa de tão estranho motivo de ser procurada. Sempre ouvia falar no Saci; mas não se lembrava muito: sua memória enfraquecida pela idade...

– Diz que é um negrinho de uma perna só, dador de dinheiro pra gente... Mas é 'perciso' rezar. Não sei qual é a reza.

Esteve um pouco a pensar.

– A gente antiga dizia que não era bom ter cisco no canto, em casa. O Saci gosta muito de cisco. Uma vez estavam umas pessoas conversando na cozinha. 'Ansim', no canto estava um monte de lixo. Eram ali umas horinhas da boca da noite. Pois não é que de repente o lixo 'garrô' remexer, remexer, 'ansim'? Eles olharam. E viram um Saci sair pulando do meio, co'o barretinho vermelho na mão a ir-se embora... Diz que é um negrinho seco, feeeio!

– Mecê acredita no Saci? – perguntei.

– Eu? Acredito! Diz que é o 'Coisa-ruim', pois como não hei de acreditar?

– Nhá Dita Rolinha (o nome é suposto) diz que já viu... Ela deve saber muitas histórias. E mecê?

Encolheu os ombros:

– Eu já não me lembro... ché!

De cabeça baixa, parecia revolver recordações.

– De uma feita – começou – havia um padre muito religioso, que morava numa chácara. O Saci pra 'atromentar' o padre, montou nos ombros dele...

– Com uma perna só?

– Ué! Por que não? Ele 'avoa'! Pois se é o Diabo! Pinta a manta c'uma perna só, que fará se tivesse duas.... Credo!

Mas como eu ia contando, o padre agarrou no rosário, dava co'ele duma banda, num ombro, o Saci pulava pro outro... O padre dizia... Ora como é mesmo que ele dizia? Ah! Dizia:

Saci-pererê
Que no... tem mê!

E abafou um riso de vergonha no xale.
— Isso 'atromentô' o padre, mas 'despois' saiu. 'Ansim' me contavam.
— Mecê disse que o Saci dá dinheiro...
— Dava. Entrava em casa, pinchava o barretinho: quem o apanhasse, dava-lhe o Saci uma porção de dinheiro.
Nhá Rolinha assim me descreveu o Saci:
— Negrinho de um metro de altura, mais ou menos, com uma perna só e pé em forma de casco de carneiro. Traz na cabeça um gorro avermelhado. Anda aos pulos, tendo o cuidado de encobrir o rasto. A cada metro de distância dá um assobio fortíssimo. É impossível dar-lhe caça, a não ser com um rosário bento e virgem.
Mostrei-lhe o Saci do Maneco.
— Esse que é o Saci? — perguntou-me. — Está muito gordo. Ele é sequinho, entra pelas frestas das janelas, pelo buraco das fechaduras...
Disse-me já ter ouvido assobiar um Saci, aqui na cidade, às oito e pouco da noite.
Contou que um seu defunto compadre, morador no Itinga, tinha visto um Saci, certa noite, entrar na cozinha de sua casa, atraído por um pote de canjica, preparada para um 'muchirão'. O compadre estava deitado, em quarto contíguo à cozinha, e ficara estarrecido, balbuciando orações.
O Saci, pulando, pulando, chegou até o pé do pote, trepou acima, mergulhou-se na canjica. E toca a fartar-se.
— Comeu, comeu, comeu e quando ficou enjoado vomitou de novo tudo no pote!
O compadre dissera que se tivesse na ocasião uma peneira e um rosário virgem, tapava o pote com aquela, deitava por cima o rosário e pronto, apanhava o 'bichinho'...

– Que é Saci, Nhá Rolinha?
– É o 'Coisa-ruim' batizado.
– Como?
– É essa gente batizada mas que vira Diabo, por ser malvada.

Ainda contou outras lérias costumeiras: o Saci a petecar brasas, a gorar ovos, a trançar as crinas aos cavalos, de que suga o sangue... Esgotados os escaninhos da memória, calou-se... sem que me houvesse dito nada interessante.

Por algum tempo acreditei na existência do Saci; mas, à maneira que me iam crescendo em vigor a inteligência e a faculdade da crítica, permitindo separar o joio das noções fantásticas do trigo das reais foi-se-me ele afundando numa queda de desprestígio... Ainda viveu algum tempo dentro da minha psicologia, absurdamente tolerado, já que ali o amparavam opiniões por mim então havidas como idôneas, de pessoas que asseguravam tê-lo visto. Dessa posição falsa, porém, não demorou muito que o Saci rolasse para a cova do esquecimento, o que se deu muito antes de qualquer estudo sobre sugestões e contágios de mentiras que me explicassem o valor daqueles 'testemunhos de vista'."

Saci-pererê, *estatueta em gesso por João Frick*

Depoimento de Melchior

"Quando criança, vivia em uma fazenda do interior do estado, e tinha-se por costume, nas noites de inverno, fazer-se uma fogueira no centro da cozinha, onde se passava parte das noites, em alegre palestra em companhia dos vizinhos mais próximos. E, então, ouviam-se casos de arrepiar os cabelos.

Foi ali, pois, que tive a ocasião de ouvir que o Saci é um amante fervoroso do fumo.

Nas vizinhanças da fazenda, existia um casal de pretos, antigos escravos, que contavam que tinham por hábito deixar o cachimbo de barro, à noite, sobre o fogão para fumarem no dia seguinte depois do café. Mas acontecia que, em vez de encontrarem o cachimbo cheio de fumo como haviam deixado, encontravam o fumo substituído por estrume de cavalo. E assim passou-se muito tempo sem que pudessem desvendar o mistério. Até que uma noite o Tio Joaquim resolveu vigiar o cachimbo, escondido num canto da cozinha. Mas aconteceu que ele dormiu, despertando com um pequeno barulho no fogão. Então, viu, com grande espanto, que estava um pretinho, completamente nu, assentado sobre a taipa do fogão, com o cachimbo na boca, fumando muito sossegadamente. Foi tanto o medo que se apoderou do Tio Joaquim que perdeu a razão por algumas horas. Desde então o Tio Joaquim nunca mais deixou ficar o cachimbo sobre o fogo e pregou uma cruz de cedro atrás da porta, para que o visitante noturno não tornasse mais.

Contavam também que tendo morrido um vizinho, foi preciso mandar um portador à cidade, a fim de comprar o necessário para passarem a noite guardando o defunto. E na volta o portador sentiu que o animal diminuía a marcha, chegando mesmo a parar, e de vez em quando sentia alguma coisa lhe tocar nas costas, mas não se incomodava. Porém, ao chegar a uma porteira de varas, era necessário apear para abri-la. Nessa ocasião, viu saltar da garupa, para cima da porteira, um pretinho de uma perna só e de olhos e boca muito vermelhos. E o cavalo, apesar de cansado, deu uma passarinhada, estendendo-o por terra. Quando teve acordo de si, já era quase dia e ainda faltava uma légua para chegar em casa.

Tudo isso por causa do Saci-pererê."

Depoimento de "César"

"Na figura que o *Estadinho* estampou há dias não consegui reconhecer o Saci da minha infância. Acredito que haja um tipo de Saci em cada parte.

Aquele, porém, de que me contavam histórias de arrepiar os cabelos, quando eu era pequeno, nada tinha de comum com a figura inexpressiva a que me refiro.

Eis aqui, em breves traços, o Saci, segundo a minha zona: era um moleque de tamanho de um menino de 12 anos, muito preto, de cabelo pixaim, olhos vivos – pequeninos e vermelhos; era esguio, tinha uma perna só e, apesar disso, em matéria de esperteza, passava a perna no próprio serelepe.

Como Demócrito, nunca chorou. Vivia rindo, troçando de tudo e de todos, na sua tanguinha e carapuça de baeta encarnada.

Passava as noites a tirar mel dos favos, que enchia de... babosa para enganar a macacada; substituía por ovos de corvo os ovos de galinha chocas; amarrava bezerro com embira e virava bezerro para mamar; arranjava visgo com que pregava peças aos passarinhos; furtava fumo das negras velhas, desviava a água dos monjolos; enfim, pintava a saracura.

O seu divertimento predileto, porém, era disparar cavalos. Ia ao pasto, laçava o melhor animal, colocava-lhe um cabresto, fazia um estribo na crina e *zás!* Encarapitava-se no colo do 'bruto'. Começava então a correria da cavalhada espavorida, atropelo que durava até a madrugada.

E ao recolher-se a animalada era uma lástima! Vinha toda estropiada, suando em bicas e desconfiada que nem cutia.

– Ah! Sacis dos diabos – bradava o camarada! – Olhem em que estado o dianho deixou a animalada! – Facilmente se descobria entre os cavalos o escolhido pelo Saci para a sua cavalgada noturna.

Bastava examinar-lhe a crina: estava toda trançada. Quando se viajava à noite, principalmente nas sextas-feiras, o animal fatalmente passarinhava nas encruzilhadas. Segundo se dizia era um beliscão do Saci!...

Contava-se que em Araraquara os sacis perseguiam tanto os animais que para livrá-los das artes do endemoniado pretinho era preciso colocar-lhe bentinhos no pescoço.

O maior castigo que se podia infligir a um Saci era dar-lhe uma surra de rosário. O rosário tinha estranho poder de fazê-lo sair desembestado, campo afora, deitando fogo pelos olhos e pela boca.

Mas para caçá-lo depois é que era o diabo. Quase impossível! Só com o auxílio da sorte e de um rosário de capim.

O João, um escravo de meu pai, conheceu um caboclo em Itu, que era, na sua pitoresca linguagem, mais esperto que um sagüi e mais ligeiro de pernas do que um veado. Esse caboclo, afirmava o João com a mais sólida das convicções, conseguiu laçar o Saci. E narrava por esta forma a extraordinária façanha: estava ele certa noite aquentando fogo à soleira da porta quando lobrigou atrás de uma figueira um Saci que o espreitava. Fingindo que nada percebera, entrou em casa, meteu no bolso um rosário de capim e voltou para a soleira da porta onde ficou por largo tempo, a cabeça na atitude de quem cochilava. Supondo-o adormecido, o Saci aproximou-se, pé ante pé, e começou a tirar grandes baforadas do seu pito. Em dado momento, o caboclo num movimento rápido como um corisco atirou-lhe o rosário de capim e *zás!* Segurou o 'bicho'. O moleque esperneou, berrou como um desesperado, mas em vão: estava no laço! Em seguida, senhor da situação, o caipira tirou-lhe a carapuça encarnada, que ficou pra 'garantia', e disse-lhe num tom zombeteiro: – Saci, só te darei a tua carapuça se você enchê a minha tuia de café, atopetá o meu paió de mio e me trouxé vinte quilos de ouro em pó.

E o Saci, em menos de uma hora, encheu-lhe a tulha do melhor café, abarrotou o paiol de espigas de palmo e meio e ainda por cima deu-lhe vinte quilos de ouro em pó...

E rematando a sua história tão pitoresca, tão cheia de cor local, o João acrescentava profundamente convencido: – Dizem que foi assim que os Galvão fizeram fortuna. Seria? Quem sabe, João! Há mais coisas no céu e na terra do que sonha a vã filosofia."

Depoimento em verso do doutor Ulysses de Souza e Silva

Saci-pererê

Horas da ave-maria
E dizem que a velha estrada,
Muda, deserta, sombria
É muito mal-assombrada.

Apenas a voz do rio
Turba o silêncio noturno –
– Com seu longínquo e sombrio
Cantochão de água – soturno.

Pelas grotas, de ermo em ermo,
Lá vão as águas, lá vão...
Sob esse silêncio enfermo –
Nesse triste cantochão...

Velhas árvores paradas –
Como que estão modorrando –
– Nos barrancos das estradas
Ou como que meditando.

E tosca cruzinha preta,
Surge, às vezes, dos barrancos,
Por onde o luar projeta
Estranhos fantasmas brancos...

E peja-se toda a terra
Do aroma dos vegetais –
– Sob o pálio, que descerra,
O luar – de seus cristais.

Longe, no meio dum campo,
Um velho rancho isolado –
Ergue para o céu escampo
Um lume, triste e magoado.

E, da cerca do terreiro,
Um velho galo anuncia
Com seu canto alviçareiro,
Aos ermos, o fim do dia.

Às vezes, de longe em longe,
Passa um soluço no ar;
É o urutau – velho monge
Do ermo – rezando ao luar.

Lá, por longe, a voz do vento
Ulula pelas taquaras
E solta um gemido lento
Passando pelas coivaras.

Não há ninguém que se afoite
Por essa deserta estrada –
Em horas altas da noite
De medo d'alma penada.

E passam almas vestidas
De branco e vão se casar
Nas silenciosas ermidas –
Feitas do branco luar...

Que estranho assobio é esse
Que as sombras da noite corta?
E o caminhante estremece
Nos ermos da noite morta...

De folhas secas – em frente
Um montículo farfalha –
Surge um vulto, de repente
Daquele monte de palha...

Sexta-Feira da Paixão!...
Corre o corpo em calafrio...
E estruge, na solidão –
Aquele estranho assobio...

Olhos de brasa, pretinho
De carapuça vermelha –
Uma só perna, um negrinho
Saltita – na estrada velha.

E vivo, esperto, na estrada,
Assobia, guincha, pula,
Solta a estranha gargalhada
Que dói até na medula...

Puxe, depressa, o "bentinho" –
Caminheiro – pois não vê
Que esse maldito negrinho
É o Saci-pererê?

Tire o cachimbo da boca,
Pelos ermos – não se afoite,
Deixe a pretensão tão louca
Que o faz andar nesta noite.

A noite é santa. Os velhinhos
Ensinam que não se saia –
Que o Saci – pelos caminhos,
Guarda a flor da samambaia.

Ao clarão da lua cheia,
Quanta vez, na velha estrada
Para alguém se minha aldeia,
Passei por alma penada.

E minha alma, a luz da lua,
Resvalava pelo espaço –
Doida por se unir à tua –
Num leve e místico abraço.

E minha alma que vivia
A sonhar em ser feliz –
Em seu sonho sempre via.
Um lindo par "de sacis".

Eram nada mais, nem menos,
Que esses teus olhos, Maria,
Espertos, vivos, pequenos,
Doces sacis da alegria.

E, minha alma, ansiosa e louca,
Pelos ermos a sonhar –
Era a flor da tua boca
Que ela andava a procurar.

Depoimento do senhor J. S.

"Era meia-noite mais ou menos. No monjolo da fazenda, estávamos, eu, dois irmãos meus, fazendo companhia a uma velha empregada, que por motivo de acúmulo de serviço, estava aquela hora a 'coar' farinha. De assunto em assunto passou-se a falar no Saci. A velha, cheia de crença, falava, com ardor, nas proezas do negrinho.

Nós nos mostrávamos incrédulos a respeito do que a velha dizia (apesar de estarmos com um 'medão' dele).

O monjolo batia compassadamente no 'pilão', rompendo o silêncio da noite. Tudo estava calmo e a escuridão da noite, fora, só poderia inspirar medo.

– Vocês não acreditam, mas hão de ver ainda – dizia-nos a velha meio despeitada.

Não lhe conto mais nada, senhor Saci-pererê.

Nesse instante, o monjolo deixou de bater no pilão, começou a oscilar no ar e, por fim, ficou quase imóvel.

Não foi preciso mais nada. 'Abrimos o arco' (a velha também não se deixou ficar) e pouco depois chegamos em casa, ofegantes, contando havermos 'visto o Saci'.

A causa do fato, porém, era muito simples: por um motivo qualquer, diminuiu a água e começando ela a bater no meio do 'cocho' observou-se o fenômeno, que se atribuiu ao Saci.

A outra história ouvi contar, ainda na fazenda.

Era noite de inverno. Na cozinha, fez-se fogo no chão, para como se costumava dizer 'aquentar o fogo'.

Nós, a criançada, fomos já trazendo os 'banquinhos' para a beira do fogo, sentamo-nos à roda dele, para ouvir a Joaquina, cozinheira, contar histórias.

Eis a história que ela nos contou:

À beira do caminho, numa casinha de barro, vivia um velho negro. À noite, antes de se deitar, o pobre velho fazia a 'pitada' para o dia seguinte e punha o cachimbo em cima do fogão.

Ora, o Saci, muito sem-cerimônia, aproveitava-se de um buraco que havia na parede para vir saborear a pitada, preparada pelo velho.

Indignado com o atrevimento do Saci, o velho lembrou-se de pregar-lhe um peça.

Uma noite encheu o cachimbo de pólvora, pôs por cima uma camada de fumo (para o Saci não desconfiar) e colocou-o no lugar costumado.

Em seguida escondeu-se, muito bem, para presenciar o logro do Saci.

Altas horas da noite entrava este, muito sorrateiramente, pelo buraco.

Julgando não ser espreitado, pegou o cachimbo, pôs uma brasa e começou a fumar tranqüilamente, maquinando, talvez, alguma nova diabrura.

Porém, súbito, a pólvora se inflama, o Saci leva um susto formidável e, esfregando o rosto, que ficara queimado, tratou de 'azular' quanto antes.

O velho ria-se a mais não poder do jeito do Saci.

E a Joaquina terminou dizendo que nunca mais ele voltou para 'filar' a pitada do velho negro."

Saci satisfeito, *sem indicação de autoria*

Depoimento do senhor L. P. S.

"Conversando ontem em casa de um meu amigo sobre a questão do Saci-pererê, que tanto interesse tem provocado, e como eu lhe contasse alguns fatos ouvidos na minha infância e que me ficaram gravados na memória, interpelou-me ele por que não concorria com o pouco que sabia para a elucidação do caso de mitologia brasileira lembrado pelo senhor M. L.[1] É, portanto, para satisfazer o desejo do meu ilustre amigo que venho à sua presença.

A lenda do Saci-cererê (foi assim que a conheci) não é tão velha como querem dizer, pois eu, apesar de ter vivido apenas um quarto de século, ainda alcancei o tempo em que o Saci era o terror da criançada e mesmo de muita gente grande. Havia na fazenda onde fui criado, quase nas divisas de Minas, um preto velho chamado Nhô Urbano, um perfeito conhecedor das lendas brasileiras. Contava-me ele histórias do 'arco-da-velha' ocorridas nas redondezas, com pessoas suas conhecidas e com ele mesmo, histórias terrificantes de fantasmas e assombrações e com tal convicção as narrava que dúvida alguma sobre a realidade delas ficava-me no espírito infantil.

O herói predileto das suas façanhas era o Saci, que ele pintava da seguinte forma: um pretinho retinto, de olhos acesos como brasa, nariz arrebitado, de uma perna só e um pé redondo como uma bolacha. Filho do diabo, andava pelo mundo a tentar os meninos. Tinha uma paixão extraordinária de andar

[1] Monteiro Lobato. Nota desta edição.

a cavalo e era por isso que, às altas horas da noite, andavam os cavalos de correria pelo pasto e amanheciam com as crinas trançadas. Muitas ocasiões tive de verificar de viso a verdade da afirmação do preto velho quando, ao amanhecer de uma noite de correrias, ia examinar a crina dos cavalos. Este mistério, que mais tarde contaram ser arte de morcego e não de Saci, fazia-me crer na real existência do descendente de Satanás.

De uma feita, ficando eu só no velho casarão da fazenda, pois toda a minha família tinha ido a uma festa do 'arraiá', impressionado como andava com as histórias ouvidas, não tive ânimo de dormir sem companhia no meu quarto. Apelei para a coragem do Nhô Urbano que, muito satisfeito por ter uma ocasião de prestar-me um serviço, veio deitar-se ao pé da minha cama, sobre uma esteira. Para entreter-me contava ele as suas costumadas histórias de sacis. De repente um vulto negro passou entre nós e a lamparina apagou-se como por encanto. Um calafrio de medo percorreu-me a espinha, os cabelos eriçaram-se-me na cabeça e fiquei imóvel na cama, com o coração aos saltos. Passados alguns minutos de terrível silêncio ouvi a voz sumida do Nhô Urbano, que me perguntava:

– Nhô moço, cadê o forfi?

– Não sei, procure você – respondi-lhe eu.

E o pobre preto, fazendo das tripas coração, depois de muito esforço, conseguiu levantar-se e acender a lamparina. A fisionomia do velho estava transformada pelo medo e posso garantir-lhe, senhor redator, que estava 'pálido'.

– Isto não pode deixá de sê trabaio do Saci – garantiu-me 'Nhô Urbano' –; é perciso esconjurá ele sinão nóis está perdido.

E ambos ajoelhados rezamos constritamente um 'credo', sete 'padres-nossos' e sete 'ave-marias'. O certo é que o talzinho não mais nos incomodou.

Não lhe posso garantir, senhor redator, se existiu ou não o Saci-cererê, pois nunca tive que tratar com tão extravagante personagem, porém, posso afirmar pela boca do Nhô Urbano (que Deus tenha sempre na sua santa companhia) que o Saci é uma entidade real, realíssima. O preto contava com tanta firmeza e convicção tê-lo por muitas vezes visto que não nos seria lícito duvidar das suas palavras."

Depoimento em prosa do doutor Ulysses de Souza e Silva

"Venho de estar entre a galharda flor da minha gente; trago também este pequenino contingente acerca do Saci-pererê – o estupendo boêmio das florestas que, cansado de errar pelos ermos, a fazer molecagens, vem para a cidade – para distrair as atenções ameaçadas de terror – nestes tempos de guerra.

Imagine-se um exército de sacis!

Lá por Minas, onde estive em gozo de férias, vi o inquérito, que em tão boa hora V.S. abriu, e, como tencionava também trazer-lhe algumas linhas, andei de casa em casa, da boa caboclada de minha terra, interrogando-os sobre o Saci.

Seria longo contar todas as histórias que ouvi. Farei um resumo. A velha Mariana, a preta Balbina, o Joaquim Custódio, o João Corrêa, o Venâncio, o Manuel Creoulinho e tantos outros, contar-lhe-iam magníficas histórias do dianho do Saci.

Ai! Que saudades!

Lá estava a velha casa de meus antepassados, na fazenda Grande, que eu, mal contendo a ânsia de rever, velho cofre de tantas ilusões, revia agora, com os olhos marejados...

E tudo me falava às reminiscências!...

As velhas árvores, onde eu, feliz, outrora, traquinava como o Saci, evocavam, na saudade do passado, as últimas folhas que caíram...

Ai! Que saudade!...

E eu, de pálpebras cerradas, deixava que as lembranças me viessem, serenas, tremulando à flor da alma, como a flor de lótus, ao luar, na superfície azul da água morta do velho açude...

Lá estava o velho laranjal, onde, como dizia a velha Balbina, o 'peste' do Saci fez tantas maluquices, no tempo de 'sinhô véio'. E, como outrora, quando, ao pé da lareira, na vasta cozinha do velho casarão, ouvia das escravas as histórias de assombração, com os cabelos arrepiados, pedi à boa velhinha que me contasse de novo a história do Saci.

Cabeça alvejando, como uma pasta de algodão cardado, trêmula, olhos baços, mascando o cabo velho do pitinho de barro, olhos de uma placidez de água profunda, ela, a boa velhinha, contou-me:

— Sinhozinho: Sinhô véio tava duente. Istalero tá cheio de purvio. Ingenho tava moendo.

Negro trabaiava inté galo miudá treis vêiz.

Vai, Sinhô véio mandô negra buscá erva-cidrera no laranjá, promode fazê chá pra Sinhô véio. Negra foi.

Era na boca da noite, sinhozinho.

Negra chamô Cuti — pulô cerca, rudiô paió — subiu laranjá.

Quando negra foi panhá erva-cidrera pra Sinhô véio, Saci tava lá, incurujado ni toco preto, pitando seu pito dele.

Quando negra deu cos óio nele, o peste do negrinho deu um pulu e uma gargaiada e pediu fogo pra cendê seu pito dele.

Negra não teve nem tempo de pujá rosário e o bentinho...

Saci deu uma burduada na negra e negra caiu.

Sinhô véio viu que negra tava demorando — mandô Simião catá ela e Simião trouxe negra quaji morta, sinhozinho!...

Foi ali memo, sinhozinho.

E a pobre sexagenária, estendendo o braço trêmulo, apontava-me o velho laranjal.

E todos que eu interrogava tinham uma história a contar.

O Saci punha 'sujera' nas panelas; o Saci parava o engenho; o Saci derrubava os 'barreleiros'; o Saci alvoroçava a cachorrada; o Saci "pintava o diabo" com os animais...

Eram casais que se separavam por artes do Saci, telhas que caíam da casa; monjolos que se desarmavam à meia-noite; queijos que caíam das prateleiras; comidas que queimavam na panela, porcada que ficava louca nos 'mangueirões'; viajantes que levavam 'sovas' nos caminhos ermos etc.

Tudo artes do Saci.

Para teminar, mais esta história, contada pelo Joaquim Custódio, antigo capataz de meu avô:

– De uma feita, quando levavam boiada para a Corte, pousaram no rancho do 'Manduca', nas margens do rio do Peixe, em um lugar onde o Saci fazia o dianho.

Perto havia uma casinha de sapê, onde morava uma velhinha que possuía um elegante 'papo de cordel' – com uma 'bolota' na ponta. O Saci não a deixava em paz.

Um dia, o Saci foi visitá-la, como sempre. A velhinha tinha toucinho a fritar em uma panela.

Pois o 'peste do Saci', quando a velha se inclinou para tirar o torresmo, deu-lhe um 'papilote' no papo que ela trazia enrolado no pescoço – o papo caiu na gordura quente e a velha saiu como louca a urrar, pelo terreiro, e o dianho, às gargalhadas e aos assobios, em cima da casa!...

Mas, dessa vez, a 'maldade' do Saci foi benéfica...

Desde esse dia, o papo da velha entrou a murchar, a murchar e o resultado foi ela ficar sem papo.

Contam também que, em Santo Antônio do Machado, o Saci entrou na casa da Maria Rosa e, vendo-a triste, fez-lhe esta quadrilha:

Como vai, sia dona Rosa!
Por que está tão 'jururu'?
Parece galinha choca,
Quando briga com peru.

O Saci-pererê – ou Saci-cererê, ou ainda Saci-saperê, Saci-sia-teresa, como o conhecem em minha terra – apresenta-se sob o aspecto de um molequinho retinto, muito vivaz, maldoso, capacete vermelho na cabeça, olhos cor de brasa, uma perna só, capenga, sempre a pitar num pitinho preto.

Ai de quem lhe negar fogo ou fumo para o pito!...

Gosta muito dos samambaiais escuros e das casas velhas. Tem medo dos rosários que lhe queimam as mãos.

É fácil pegá-lo com uma peneira das que têm cruz ou com os rosários, atirando-os nos remoinhos de vento.

É assim que eu idealizava o Saci, em criança, e de quem tinha tanto medo.

Hoje eu creio que o Saci se transformou em 'certos olhinhos buliçosos' que andam, em certos palminhos de caras – nesta bela terra dos Andradas –, a fazer o dianho com o coração da gente.

Mas, graças a Deus, eu trouxe comigo o velho rosário da Balbina.

Ninguém me chegue 'que eu queimo mesmo!'.

São estas as notas que eu lhe trouxe de minha terra, São José dos Botelhos, sul de Minas."

Depoimento do senhor João Silva

Eu tive ocasião de conhecer o Sacipererê uma vez. Foi em 1897 ou 98. Meu pai, lavrador de Silveiras, pequena cidade do Norte, quase nas divisas do estado do Rio, tinha diversos agregados (assim se chamavam lá os trabalhadores que moravam nas fazendas), que ao escurecer se reuniam no terreiro grande e deleitavam a criançada contando histórias do Lobisomem e do Saci. Eu nunca faltava a essas reuniões e ouvia sempre, com a máxima atenção, essas histórias contadas na rústica simplicidade de trabalhadores da roça. De maneira que, conhecendo o Saci através das histórias contadas pelos agregados de meu pai, desejava conhecê-lo e travar conhecimento pessoal com ele – esse negrinho irrequieto, peralta e alegre – conforme rezavam histórias que eu ouvia. Meu pai gostava imensamente de caçadas e, uma ocasião, tendo resolvido fazer uma caçada de veados nos Campos da Bocaina, distante de Silveiras umas quatro ou cinco léguas, resolveu convidar para companheiro um compadre, também lavrador e adepto desse *sport*, o qual morava duas léguas distante do nosso sítio. Eu fui o portador do convite. Saí de casa de manhã, cheguei ao sítio do compadre de meu pai que morava dos lados do Córrego Fundo, ainda cedo, transmiti-lhe o convite, que foi aceito, e fiquei para almoçar. Depois do almoço, quase ao meio-dia, montei a cavalo (era um cavalo baio que meu pai tinha, esperto e passarinheiro e que, por diletantismo, meu pai fazia correr na 'raia' do João Lemos) e toquei de regresso à casa.

A estrada era deserta, cheia de mato, de curvas e encruzilhadas, mas em um certo pedaço, saindo-se de uma curva, encontrava-se numa reta descampada de mais de dois quilômetros de extensão. Foi aí que encontrei o nosso herói! Devia ser meio-dia. O sol estava a pino e o céu de um azul translúcido; o mato em derredor da estrada e a mata virgem que se distendia ao longe, de ambos os lados, pareciam descansar numa modorra suave! Saindo da curva e penetrando na reta da estrada, o cavalo logo levantou as orelhas e quis retroceder; dei-lhe uma chicotada e olhei para a frente. Foi então que distingui na outra extremidade da reta caminhando de encontro a mim um pretinho gordo, irrequieto, cabeça vermelha, trazendo um pau na mão direita. Lembrei-me logo do Saci. À proporção que mais nos aproximávamos, melhor fui distinguindo-lhe as formas: era um tipo verdadeiro de moleque!

Negro como azeviche, gordinho, conservando na mão o pau, ria-se gostosamente mostrando uma dentadura admirável; o cabelo encarapinhado não era vermelho como a princípio me pareceu, mas cor de ouro. Quando nos encontramos à beira de um córrego que cortava a estrada, o moleque firmou-se no pau e soltando uma risada prolongada, saltou por cima de mim e do cavalo, gritando: 'saci-saci'. Nessa ocasião como que despertando de um sonho mau estremeci-me todo, e olhando para trás e não vendo ninguém, fustiguei o cavalo e em poucos minutos estava em casa... Ali narrei o ocorrido a minha mãe que, entre incrédula e receosa, me aconselhou a não mais ouvir as histórias do camarada.

Outro fato que se deu comigo, também de incontestável veracidade, foi o seguinte:

Em 1900, tendo morrido meu pai, liquidamos tudo em Silveiras e viemos para São Paulo.

Aqui morávamos na rua da Abolição e eu já estava bem taludo. Uma noite em que não pude conciliar o sono, altas horas, senti passos no meu quarto; olhei e vi um vulto, em forma de um urso-negro, peludo, caminhar em direção ao meu leito. Tive muito medo, quis chamar por minha mãe, que é sempre quem se chama nos momentos de aflição, e não pude. O urso chegou-se até o meu leito, deitou-se comigo e disse: – 'Não tenhas medo; sou o Saci, mas agora em forma de urso'. E ali ficou. Este fato reproduziu-se por mais de um mês sem interrupção. Por fim eu já estava familiarizando com aquela companhia diabólica, mas realmente inofensiva.

Uma noite o meu companheiro (urso e diabo ao mesmo tempo) chegou mais cedo e eu também adormeci mais cedo ao contato daquele pêlo negro e macio; quando acordei estava só.

Na noite seguinte não veio e nunca mais me apareceu. Nunca mais me apareceu, mas eu receio que ele se tivesse encarnado no meu corpo... Bonito se eu fiquei com o diabo no corpo!..."

O saci e o caipira, *aquarela de Richter*

Depoimento de Zé Caipora

Zé Caipora sacode o pó das velhas reminiscências e fala do Saci concebido pelo povo do Nordeste brasileiro.

"**Não é demais** estender o inquérito interessantíssimo sobre o Saci ao Norte. Passei os doces anos da minha infância no sertão do Ceará, minha terra. Lá ouvi as lendas populares, correntes no Brasil, mas a lembrança das suas narrativas já estão quase dissipadas na minha memória. Vão também quinze anos e o tempo é um grande destruidor...

Só agora volto a interessar-me pelo assunto tão felizmente agitado pelo *Estadinho*! E, tirando o pó da memória, posso dizer algo do Saci-pererê, tal como é concebido e divulgado no Nordeste brasileiro.

Em princípio: não se lhe dá absolutamente este nome, mas o de Caipora, se bem que seja também representado por um negrinho ou caboclinho 'perereca' (corrupção de pererê?).

Do Caipora, nunca ouvi dizer que tinha uma perna só, como é o seu característico por aqui; usa como o Saci a carapuça encarnada e suas travessuras, no galinheiro, no engenho, no curral, na cozinha, não trazem menos atribulados os sertanejos do Norte do que os do Sul. Lá como aqui, é parente do diabo. Há certas variantes e características que completam a figura pitoresca do Saci.

O Saci é um peralta; o Caipora é um pouco mais do que isto: faz mais diabruras do que traquinadas.

O traço da personalidade moral (??) que melhor o define é ser um grande fumador e um cachaceiro inveterado, principalmente o primeiro: 'Fuma como um Caipora' é um dito corrente.

Costuma postar-se nas encruzilhadas e nos caminhos, cavalgando sempre um enorme caititu, esperando a passagem de algum arreeiro (tropeiro) para pedir-lhe fumo. Se isto lhe é negado, mesmo que o pobre homem não o traga, o Caipora não perdoa; chicoteia-o até deixá-lo moído... E a sua montada, o porco selvagem, é mais veloz do que veado e, como o Caipora, torna-se invisível quando é mister. Ah! Quantas vezes o Caipora surra uma criatura sem ser visto, portanto sem o risco de apanhar também!

Os caçadores, então, têm um temor supersticioso do Caipora – e nenhum Nemrod se aventura a uma excursão sem ter a prudência de levar bom fumo e uma pinga para o herói das capoeiras. Não é ingrato – eis uma virtude do Caipora. Satisfeito o seu *ultimatum*, ele, que é o rei das caças, assobia e o silvo agudíssimo é a chamada das vítimas; o caçador feliz escolhe quantas e quais quer. Ai, porém, das suas vinganças! O caçador, além da tunda, nada conseguirá caçar se for imprudente e não pagar o tributo aos seus vícios.

Nas regiões onde predomina população de origem indígena, prefere-se representá-lo trazendo na cabeça uma 'urupemba' em vez da carapuça; mas onde predomina a mestiçagem africana, como na Bahia, é a carapuça vermelha. No sertão baiano, onde a superstição é mais grosseira, o Caipora é mais fantástico: 'tem uma banda só', mas faz diabruras por cem. Disse-me um antigo escravo: – Deus Nosso Senhor não quer que Caipora apareça completo, porque se da metade ninguém pode dar cabo, se fosse completo acabaria o mundo. (Se o Criador fizesse o mesmo com os nossos políticos...)

Todas as narrativas que ouvi foram contadas por pessoas 'populares' e crentes: algumas testemunhas oculares, outras vítimas, outras favorecidas. Nunca me preocupei em guardá-las na memória. Também suponha eu que, 15 anos depois, iria tomar interesse por um inquérito do *Estadinho*?"

Depoimento de um anônimo

"A maior parte da minha infância passei-a na fazenda de meu pai, para além de Piraju.

Foi aí que desde a mais tenra idade soube da lenda do Saci.

Mas qual o brasileiro que não recebe com o leite materno as superstições e lendas, tão abundantes no Brasil? Poucos, bem poucos, são os que, no aprender o 'sinal-da-cruz', não sejam instruídos das diabruras do Saci, das devastações dos lobisomens e da má fama do Caipora...

Enquanto não tive o uso pleno da razão, eu acreditava piamente em quantos casos absurdos ouvia contar.

Os amigos da casa, os vizinhos, os roceiros, os camaradas, todos tinham o seu 'caso' para contar.

Fulano jurava que certa noite ouvira um assobio ao ouvido; sicrano, que um vulto anão escarrachara-se-lhe à garupa da sua besta, que desandou um galope furioso até que desapareceu à vista da primeira luz.

Entre outras vou narrar as seguintes:

Chico Manuel era um caboclo espaduado; contavam-se proezas e aventuras da sua vida agitada de capanga e valentão. Certa vez, estando em um 'sítio' contaram-lhe que o Saci aparecera nas redondezas e espantava os viajantes que às horas caladas da noite ousassem atravessar um vale sombrio e de aspecto sinistro.

Chico Manuel não cria em aparições; por isso, ao ver os semblantes do roceiro e dos seus filhos empalidecidos pelo pavor, soltou uma sonora gargalhada.

– Pois eu vou 'vê' o Saci... – disse por fim.

O roceiro procurou dissuadi-lo desse propósito.

Em vão. Confiado na boa pontaria de uma garrucha de dois canos, naquela mesma noite partiu Chico Manuel em direção do lugar temido.

– O 'desgranhado' que pulá na estrada come chumbo!...

Em breve, o cavalo do ousado caboclo mergulhava as patas no riacho do vale, enquanto o valentão furava as trevas com as vistas agudas.

De súbito, o cavalo relinchou e recusou-se a avançar. O caboclo, um tanto surpreso, meteu-lhe as esporas; o cavalo, porém, continuava pregado no mesmo sítio, relinchando.

E (coisa pasmosa!) uma força desconhecida começou a arrastar o animal pela cauda, para dentro do mato!...

Chico Manuel, tomado de um terror supersticioso, voltou-se na sela e viu um vulto de um negrinho, que, arrastando-o por entre os cipós e espinhos, ria... ria...

O caboclo façanhudo, que mais de uma vez fizera frente a meia dúzia de homens, perdeu todo o valor; e esquecendo a garrucha na cinta, brandou ao tempo que se persignava:

– Credo!...

O negrinho desapareceu, soltando um assobio prolongado, e o animal, vendo-se solto, ganhou a estrada num galope doido, levando sobre si o cavaleiro quase desmaiado.

Eu não garanto a autenticidade deste e do conto que segue, mas os que m'os narraram disseram ser verídicos.

Em certo colégio do interior (onde, não sei) haviam ficado durante uma féria três rapazes, à espera de que os pais os viessem buscar, enquanto que os demais haviam já partido.

O vasto dormitório, então completamente desabitado, tornara-se silencioso e mais lúgubre ainda.

Estes três estudantes, justamente impressionados, foram dormir para um quarto pequeno e menos sinistro.

Como que para sentir-se menos isolados concordaram em dormir juntos.

Ora, certa noite, sentiram que alguma 'coisa' puxava a coberta pelos pés.

Esta 'coisa' devia ter muita força, porque os três, num esforço comum para puxar a coberta, foram vergados ao meio.

– Como cheira a negro – bradou um deles, aspirando o fartum peculiar aos negros.

Como resposta, ouviram nos pés da cama uma gargalhada e ao mesmo tempo lobrigaram lá o Saci...

Quando se fez luz ele havia desaparecido.

O fato que vou agora relatar deu-se com uma senhora de uma família paulista, cujo nome eu oculto por decoro. Denomina-la-ei senhora X.

Era numa cidade do interior. A senhora X fora fazer companhia a certa dama que havia adoecido repentinamente.

Ora, como seu marido estava em viagem e os serviçais dormiam fora, viram-se portanto sós em casa.

A altas horas da noite, obrigada a preparar um chá, dirigiu-se para a cozinha.

Esta parte da casa achava-se em consertos; por isso, uma das paredes estava reduzida a 'esqueleto', isto é, com as ripas à mostra, através das quais se divisava o quintal.

Chegada à cozinha, a senhora X notou que havia lenha no fogão.

Não ousando sair ao quintal, tomada de vago pavor da solidão, murmurou:

– Quão grata ficaria se alguém me trouxesse lenha!....

Mal terminara esta frase, a senhora X ouviu passos no quintal e seus olhos espantados divisaram por entre as ripas uma cena assombrosa..

Iluminado pela vaga claridade das estrelas, um negrinho manco aproximava-se da porta, aos saltos, arrastando um pedaço de madeira...

Aterrorizada, a senhora X precipitou-se para o aposento da companheira, junto da qual caiu desmaiada, murmurando:

– O Saci!...

E ela está até hoje convencida de ter visto o Saci, o que somente se pode explicar por auto-sugestão."

Saci laçador, estatueta de Marcelino Vélez

Depoimento do senhor
V. Orozimbo dos Santos

"Cerca de seis ou sete léguas da Faxina, entre esta cidade e Itaberá, estava, há mais ou menos trinta anos atrás, colocado o sítio da Toca Feia, então de propriedade do senhor Chico de Paula.

Era um homem de estatura e corpo regular, moreno, com uma barbinha solitária no queixo, bom conservador, sério, e mostrando certa ilustração. Era casado com uma filha do senhor Manuel de Souza Guimarães, professor aposentado naquela cidade e muito conhecido.

No tempo em que se deram os fatos que constituem este artigo, residia ele na Toca Feia, em companhia da mulher, Nhá Tita, de três ou quatro crianças e de um camarada, preto.

Dificuldades várias impediram Chico de Paula de fazer as roças necessárias para a sua permanência no sítio. Resolveu, portanto, conforme uso entre os moradores do mato, fazer um 'mutirão', tendo, para isso, feito alguns gastos indispensáveis, como ter comprado um cargueiro de pinga, morto um capado etc. etc., a fim de bem hospedar os que lhe viessem dar a 'demão'. Na véspera do dia esperado para o 'mutirão', à tardinha, um rumor surdo ecoando pelo céu afora prenunciou chuva grossa. Em seguida, nuvens negras e pejadas acumularam-se no horizonte.

Chico de Paula, saindo à porta do terreiro, perscrutou o céu betuminoso e teve a sensação de que era impossível que o dia seguinte amanhecesse bom.

Chamou, então, a mulher e disse-lhe:

– Nhá Tita, veja que caipora. Nós fizemos tanto gasto e não podemos aproveitar. A chuva vem aí. Ora, já que Deus não nos quer ajudar, antes o diabo ajudasse.

Era o desabafo de quem via, em pouco, perdidos tantos esforços. No entanto tais palavras, como o mágico 'Abre-te, Sésamo', fizeram um milagre: o céu desanuviou-se e as estrelas constelaram o firmamento...

Alta noite, quando na Toca Feia todos se achavam acomodados, Chico de Paula ouviu, como que em sonho, o som mavioso de uma flauta que, aos poucos, se aproximava da casa.

Prestou, admirado, atenção àquele som estranho e, convencido de que não sonhava, acordou a mulher e participou-lhe o que ouvia.

O espanto do casal era grande, porquanto no rumo em que vinham os acordes não havia caminho algum, parecendo surgir do seio da mata.

De súbito cessou a música maravilhosa e ouviram, em seguida, a porcada grunhir no terreiro, vindo, assustada, encostar-se à casa. Do meio dela partiu um assobio estranho e um gargalhar desafinado.

O preto ouvira o grunhir dos porcos e a risada, falando, zangado:

– Quem é esse filho-da... que está rindo aí?

Começara o fadário de Chico de Paula.

Desde aí, todos os dias, infalivelmente, ao escurecer, entrava na casa um estranho ente, só saindo quando o dia começava a romper.

Era um boneco pequeno, de cerca de dois palmos de altura, mal se lhe distinguindo as feições, mas saltando em uma perna só, irrequieto, turbulento, mexedor, assobiando de contínuo, um assobio impossível e desafinado, acompanhado de esquisita risada. Era o Saci.

De começo todos em casa se incomodaram com o estranho visitante: eram contínuas noites maldormidas, pois o Saci se comprazia em assustá-los sempre.

Às vezes, deitados, ouviam o baque do armário, espatifando as louças; outras, era uma galinha com pintos que voava do ninho, atirada a distância; outras era a tulha de feijão que se esparramava, e assim por diante, sendo tudo isso acompanhado pela risadinha encafifante.

Chico de Paula levantava-se e encontrava tudo no mesmo lugar. Seria ilusão? Seria uma persistente obsessão?

Não era: lá estava o bicho a saltar na sua única perna e a azoinar-lhe os ouvidos com o seu:

– *Fiaaau...* ih! ih! ih!

Voltava ao quarto, deitava-se. Lá vinha o Saci a mudar uma criança, a derrubar-lhe em cima objetos pesados, sem o magoar, a cobri-lo, no verão, com o próprio cobertor, sentindo um peso sufocante...

A fama do saperê espalhava-se pela redondeza. Muitos acreditavam; outros duvidavam.

Entre estes estava o Tião, que se comprometeu a ir pousar em casa de Chico de Paula, para tirar o 'caborge' do 'maligno'. E foi. Fizeram-lhe a cama ao pé do fogo. Ao deitar-se examinou se a faca saía bem da bainha, colocou-a embaixo do travesseiro e esperou.

Não esperou muito. A risadinha estrídula ecoou. Chico de Paula gritou do quarto:

– Lá vem ele.

Tião sentou-se na cama, pegou na faca e não pôde tirá-la da bainha. No meio do fogo o fatídico assobio guinchou e as brasas, como que tocadas por força estranha, espalharam-se pelo chão, obrigando-o a sair da cama.

Acreditou, então, e, no dia seguinte, 'escamou-se', dispensando gostosamente a 'boa' companhia.

Orações, rezas, benzimentos foram feitos para espantá-lo. Cruzes foram fincadas ao redor da casa e no pé delas colocados caneta, tinteiro e papel, pretendendo, com isso, que as 'almas' exprimissem o seu desejo.

Tudo em vão.

Um dia Chico de Paula resolveu acabar com aquilo. Pegou um grosso porrete e esperou.

O Saci apresentou-se como de costume. Chico de Paula não esperou: começou a esbordoar a sombra que saltava desesperadamente.

Nessa luta levaram quase a noite toda. Pouco antes de amanhecer o Saci seguiu para a porta, sempre sovado pelo outro: atravessou-a, passou ao terreiro, tomou a estrada, embrenhou-se pelo mato, sempre seguido, sempre esbordoado.

Os primeiros alvores do dia diluíram a sombra. Chico de Paula, esbaforido, voltou para casa.

Foi a última vez que o Saperê o incomodou.

Estava quebrado o encanto, mas foram precisos cinco longos anos para terminar um fadário extenso, resultado de umas palavras inofensivas num momento de desabafo.

Depoimento do senhor Hugo Ribeiro

Fala do Saci como é ele em Iguape, onde, do porto da Ribeira a Iporanga, com escala pelo "Arrelá" e " Guaprunduva", só se diz Saci-saperê.

"Piraquara de Iguape não é capaz de sair ao 'baiá' do rancho, à noite, e dizer: que noite escura – porque o Saci-saperê responde: –'Mais escura estará tua alma no inferno'.

Durante o dia, o Saci vira um pássaro e anda pelo mato, assobiando, não o assobio que lhe é peculiar na escuridão da noite, mas o assobio do 'Sem-fim', que é invisível. E é invisível porque o sem-fim outro não é senão o tico-tico, ao qual o tímido investigador não 'liga'...

Certa vez a Folia do Divino portou em casa de um caboclo das proximidades da Barra do Etá; depois de cantar o verso de saudação, o alferes pediu a esmola; o caboclo deu o que tinha – alguns atilhos de milho, que foram transportados para a canoa coletora; quando a folia e o acompanhamento se aproximavam da canoa, viram que as espigas saltavam, por si, uma a uma ao rio!

Cheios de horror, avistaram no meio do capim de boi a figurinha do Saci.

Era ao cair da noite, hora em que o coaxar monótono e tétrico das rãs no brejo, como que estabelecendo a cadenciada polêmica: 'Seu pai foi rei? Foi... não foi... foi... não foi', faz que o caboclo de barbinha rala (com licença do Cornélio) veja em cada sombra um Saci.

Aquela gente crê tão sinceramente na existência do Saci que nem o rosário de capiá e o patuá de oração ao pescoço lhe inspiram absoluta confiança.

Concluído o inquérito sobre o Saci, devem ser estudadas mais duas figuras importantes da mitologia brasileira: o Lobisomem e o Negro d'Água, sobre as quais me comprometo a prestar o meu depoimento."

# Depoimento de "Joaquim"

"**Eu também,** na minha infância, conheci de nome e quase de vista o Saci-pererê, que na minha terra era mais conhecido por 'capetinha da mão furada'.

Nunca tive medo dele, porque Dindinha (era como eu e meus irmãos chamávamos a velha ama que a todos nós pajeara) nunca o considerara um mau diabo e, ao contrário disto, mantinha com ele transações que lhe eram utilíssimas, conseguindo do capetinha serviços inestimáveis por um preço ínfimo.

Assim, por exemplo, para encontrar objetos perdidos, Dindinha chegou à convicção de ser muito mais útil a intervenção do espertíssimo Saci que a de Santo Antônio, o qual tem muito mais que fazer e, já cansado de tantos serviços feitos à humanidade, não se interessa mais pelas promessas de vintém.

Ao passo que o Saci, coitado, pobre diabinho manco, temido, odiado por quase todo mundo, era muito sensível às atenções e sempre muito pronto a auxiliar a quem o tratasse bem.

Dindinha, para agradar o capetinha da mão furada, colocava um ovo fresco no oco de uma gameleira que havia perto de nossa casa, assim mais ou menos pelas ave-marias.

Saci, noite alta, vinha ali, ia onde estava o ovo fresco, comia-o e, contente da vida, dava um assobio fino, muito alto, que a Dindinha ouvia todas as noites e nos contava de manhã.

Não sei bem como Dindinha conciliava a sua fé católica e suas relações com o capetinha; rezava o terço, acendia a lamparina do oratório, fazia promessas aos santos e, todos os dias, dava um ovo ao Saci. Ela nos explicava que os santos vivem no céu e nos servem para depois da morte, ao passo que o capetinha, vivendo na terra, presta os seus serviços aos vivos que o tratarem bem.

Por isto o duendezinho sempre foi muito bom para nossa família: espantava as raposas que tentassem atacar o galinheiro da chácara, destruía alguns formigueiros e mudava todas as casas de marimbondos para a chácara do nosso vizinho Anselmo, que era inimigo político de meu pai.

Lembro-me que, uma certa vez, Dindinha perdeu sua caixa de rapé e esteve o dia inteiro doida atrás deste objeto: à tardinha, em vez de um, colocou dois ovos para o Saci, e invocou o seu auxílio para descobrir a querida caixinha de rapé. Pois, no dia seguinte, o objeto foi encontrado à borda do açude onde Dindinha estivera na véspera de manhã, antes de dar pela falta da rapezeira. Quem a colocou ali para ela?

Foi o Saci. Pois neste dia ele ainda se regalou com mais dois ovos.

Foi ele quem, numa ocasião, atirou pedras nas vidraças do vizinho Anselmo, quem lhe roubou um coelho, arrebentou a cerca de arame do pasto e fez sumir, por muito tempo, o cavalo de estimação daquele inimigo político de meu pai. Saci, nesta proeza, procurava se mostrar agradecido à família que lhe dava um ovinho fresco por noite.

Tudo isto se passava há 30 anos. Ultimamente, voltando eu à chácara onde passei este feliz tempo de infância, ainda lá vi a gameleira, com a mesma cavidade onde Dindinha (falecida já há 15 anos) punha a ceia do capetinha. E eu, já raciocinando como homem, comecei a pensar no esquisito milagre do ovo, posto todas as tardes, e de fato, consumido todas as noites por quem quer que seja. Existiria de fato o Saci? Quem comeria então o ovo? Algum animal noturno? As raposas? As corujas? Os gambás?

Para chegar a uma conclusão, como dormi esta noite na velha chácara, fui também colocar um ovo no mesmo lugar. De manhã, fui ver o que se passara, e o ovo lá estava intacto, tal como eu o deixara na véspera.

Saci morreu, talvez, e com ele toda a poesia, toda a felicidade daqueles tempos de minha infância..."

Depoimento do senhor
Fonseca Sobrinho

Vem de Paraisópolis, Minas, onde há Saci em barda. É um paraíso aquele, modernizado, onde o diabo aparece em pessoa sem necessidade de disfarces viperinos.

"De todas as entidades com que a mitologia indígena povoou o país, uma das mais interessantes é o Saci-pererê, ou cererê, sendo esta a forma aqui preferida.

Aquele moleque barrigudinho, de nariz esborrachado – misto de capeta e Pedro Malazarte –, preenche, tão-somente à sua conta, a quase totalidade de certos casos que, na boa quadra de nossa infância, ouvimos de umas velhas muito boas, criaturas adoráveis, sejam elas doces avozinhas ou amigas dedicadas.

Em algumas dessas narrativas, o Saci aparece sempre sob o aspecto de um gênio malfazejo, perseguindo e prejudicando os infelizes, que lhe caíram no desagrado.

Em outros casos, porém, o nosso herói mostra toda a agudeza de seu temperamento galhofeiro, invariavelmente trocista, logrando todos e coroando sempre suas formidáveis troças com uma terrível gargalhada que, ouvida sempre no silêncio da noite, faz acordar os pássaros nos seus ninhos e os bichos do mato dentro das tocas de pedra.

É raro que o roceiro inculto passando, ao escurecer, por um encruzilhada do caminho não se descubra persignando-se e pronunciando palavras de esconjuro para o terrível moleque, que bem pode estar muito próximo dali, espreitando-o, oculto atrás de um cupim ou escondido numa touceira de sapê.

Alguns indivíduos 'já viram' o Saci, assim como outros 'já lobrigaram', nas trevas, o sórdido Lobisomem ou a inqualificável Mula-sem-cabeça, em desenfreada correria e, finalmente, trabalhadores de roça contam que lavrando um campo, vizinho de um vasto açude, sob um sol de meio-dia, já suspenderam seu trabalho, enlevados pela voz da Mãe-d'Água, que canta tão lindo como as sereias.

O que não padece duvidar é que o povo conhece, mais ou menos, todos os citados membros da respeitável família do 'coisa-ruim'; de todos eles, entretanto, é o Saci o que menos terror infunde, havendo até indivíduos que se comprazem em pregar-lhe partidas.

O Saci, no dizer da nossa gente, é mulatinho escuro, mas os indivíduos que com ele embirraram fazem-no preto retinto.

Mulato ou preto, se tiver mais de meio metro de altura, que limpe as mãos à parede.

Apesar de pequeno e esperto como um caxinguelê, o Saci é gorducho e a barriguinha estufada quase rompe a jaqueta, que lhe cinge o tronco.

Uma perna tem-na fina, descarnada, enquanto a outra... perdeu-a o Saci, talvez n'alguma aventura inçada de perigos, no decorrer da qual lhe arrumassem uma carga de chumbo bento que, ferindo de verdade o moleque, acarretou-lhe a gangrena, que impôs aos cirurgiões de Pero Botelho uma desarticulação coxofemoral...

Se não foi assim, é que então já o Saci nasceu com uma perna só: quanto a este ponto, nada ainda existe assentado definitivamente.

De resto, é bonito o Saci?

É horrível!

A cara quadrada é de preto velho, que já ultrapassou os cem janeiros; no meio do vasto carão, lá está implantado o nariz formidável que, de tão chato, até parece ter sido amassado por uma valente punhada.

Os olhos são vermelhos como coágulos de sangue e tão vivamente rolam dentro das órbitas que qualquer esculápio aí veria o fenômeno do nistagmo.

Das orelhas, nem é bom falar; sobre serem enormes e acabanadas, estão situadas em alturas diferentes. Quanto à boca, que limitam lábios grossos, é um pouco torta; isto, aliás, não é de estranhar, porquanto o Saci, que é fumante incorrigível, sempre que pode, usa e abusa do cachimbo... alheio.

A cara enrugada e glabra é animada por uma expressão feroz – feita de maldade e ironia.

Respeito à indumentária, o moleque é pouco exigente: além da já mencionada jaqueta, traz enterrado à cabeça um gorro vermelho, pontiagudo; a metade inferior do corpo é protegida por abundantes e longos pêlos.

Feitas essas ligeiras considerações sobre a individualidade do Saci, passemos a uma história, por muitos reputada verdadeira e cuja audição provoca, nas casinhas dos roceiros, orações, esconjuros, 'simpatias' e outros meios, mais ou menos próprios para enxotar o terrível moleque, nas noites de sexta-feira.

* * *

Cavalgando um burrinho, já banhado em suor, o campeiro descia o declive disfarçado da colina.

Voltava do serviço penoso e infrutífero de procurar um boi tresmalhado, desde a véspera.

Ao chegar ao pé da colina o campeiro, que viajava absorto, num estado vizinho da modorra, despertou, de súbito, a um forte solavanco do animal, que tropeçara; colheu as rédeas de golpe e fez estacar o burrinho.

Varreu com o olhar todo o terreno circunvizinho e sentiu que o local lhe agradava deveras.

A vida que levava na fazenda, para onde se mudara havia alguns dias, era a pior possível. De dia, no campo, o ciúme segredava-lhe umas coisas horríveis, com relação à vizinhança de sua casa com a de certo 'cabra' valente, morador da fazenda; à noite, o vizinho monjolo, num martelar cavo, compassado e ininterrupto, irritava-o, tirando-lhe o sono.

Olhou ainda uma vez para a paisagem risonha, acariciada pelos raios mornos do sol poente e resolveu ali mesmo transferir, quanto antes, sua morada para aquele local.

A resolução do campeiro causou verdadeiro assombro aos seus amigos.

Que não fizesse tal! Pois ignorava ele que ali, naquele sítio tão bonito, o Saci estabelecera sua morada?

– Uma vez – contou um dos da roda – fui a um 'motirão', lá no cerrado; houve muita 'caninha', grande batuque e gostosa feijoada. Ali pelas ave-marias, voltei sozinho para casa e, ao chegar àquela encruzilhada, que existe no Campo do Saci – mesmo no lugar onde pretende morar o nosso amigo –, vi surgir um redemoinho na estrada, mesmo à minha frente.

Pensei logo em 'prender o Saci', atirando no redemoinho o rosário que, por desgraça, não trazia comigo na ocasião.

Atordoado, sem saber o que fazia, atirei minha enxada sobre o 'bicho', que soltou uma gargalhada e se atirou sobre mim. Não me mexi do lugar, mas não vi mais nada, porque... 'eu sumi'.

Quando 'dei acordo de si', no dia seguinte, estava embrenhado na mata, lá no fundo do grotão, todo arranhado pelos espinhos da 'unha-de-gato'.

O campeiro ouviu toda a narrativa do amigo sem dar mostras de inquietação; antes, afirmou que era homem de palavra e, por isso, mudar-se-ia logo para o tal sítio amaldiçoado e jurou mesmo que havia de 'desabusar o negrinho'.

De fato, algumas semanas depois, uma casinha erguia-se, todo catita – a coberta de sapê, as paredes caiadas – ao centro de um cercado, mesmo junto à encruzilhada do Campo do Saci.

Não tardou que nova morada fosse ocupada por seu dono.

Durante algum tempo tudo correu calmamente, de maneira que o Saci caíra no olvido.

Certa ocasião, entretanto, em que o campeiro regressava de seus afazeres, já tarde da noite, ao chegar próximo de casa, teve uma surpresa desagradável: fora-lhe arrebatado o chapéu, com incrível rapidez, por um vulto que estava sobre o moirão da porteira.

Este incidente foi o início das hostilidades, por parte do Saci, contra quem lhe invadira os domínios.

Começara a Quaresma e, desde então, o terrível moleque vinha quase todas as noites subir ao cupim, próximo à casa, e ali ficava assobiando até alta noite.

Não satisfeito em atormentar o campeiro, o inimigo principiou a vitimar-lhe as criações: de noite, caía entre os gordos cevados e, por entre os grunhidos aflitos dos pobres bichos, cavalgava-os e maltratava-os a tal ponto que certa noite sucumbiu um pesadíssimo cevado, que não suportara o peso do 'negrinho', que o cavalgara. A raiva do campeiro crescia na mesma proporção em que aumentava a ousadia de seu adversário, que começara a operar até dentro de casa.

Madrugada havia em que o desgraçado roceiro acordava meio sufocado, tal era a quantidade de cinza com que estava coberto seu rosto.

Uma noite em que o roceiro preparava seu banho, o Saci, aproveitando-se de um momento de descuido do homem, atufou-se na água, poluindo-a, e apenas descoberto galgou a janela e desapareceu na escuridão, soltando a gargalhada clássica.

A situação tornava-se insustentável para o campeiro; a crescente audácia do 'negrinho' punha-o cheio de pavor.

Rara era a noite em que conseguia conciliar o sono e o medo já falara ao obstinado roceiro pela boca de sua companheira, que lhe aconselhara uma retirada para outro ponto, estranho à esfera de ação do Saci.

Mais forte, porém, que o temor estava o orgulho: a luta era desigual, mas o campeiro não cedia; jurara que não recuaria e os amigos jamais tê-lo-iam como covarde.

O atrevimento do moleque não conhecia mais limites: uma tarde, já ao lusco-fusco, quando o campeiro exausto, após um dia inteiro gasto à procura de um boi, encontrado à tarde, regressava à casa, ao passar numa encruzilhada, o Saci, de um salto, cavalgou a rês e chicoteou-a de tal forma que o animal, esbaforido, investiu com o campo, numa carreira desabalada, levando ao dorso a infernal carga.

Ultimamente, o Saci dera para furtar, durante a noite, o cachimbo que o campeiro deixava preparado para fumar no dia seguinte, ao erguer-se do leito: depois de 'pitar' à vontade, o 'negrinho' mergulhava o cachimbo no borralho, de onde ia o dono retirá-lo pela manhã.

No intuito de vingar-se do tratante, o roceiro juntou, uma noite, certa quantidade de pólvora ao cachimbo que preparara; a desoras o moleque, mui sorrateiramente, apoderou-se do cachimbo, que foi fumar na casinha. Em dado momento, uma forte explosão anunciou que surtira efeito o plano.

Isto, entretanto, custou caro ao roceiro, pois, quando à tarde do dia imediato regressava do campo, o excomungado inimigo arremessou-lhe à cabeça vários pedaços de pau, que muito o magoaram.

Vendo que as coisas tomavam um caráter mais sério e, consciente de que não poderia continuar a lutar com vantagem, o roceiro resolveu pôr de lado suas veleidades de orgulho e dirigiu-se ao arraial, distante algumas léguas, a fim de pedir a alguém que lhe indicasse um remédio eficaz para afungentar o inimigo.

De volta da viagem, tratou de pôr logo em prática o que lhe ensinaram: com o formão, esculpiu uma cruz no moirão da porteira e pregou uma cruz na face externa das portas da casa.

O resultado foi maravilhoso: o inimigo desaparecera de uma vez e o campeiro entrou, afinal, no gozo da cobiçada tranqüilidade.

Uma semana depois de sua vinda do arraial, o roceiro, pela primeira vez, cavalgou o burrinho e tocou para os campos, a cuidar da vida.

Campeou durante o dia, já agora sem receio do 'negrinho' e satisfeito intimamente, pela vitória obtida.

Ao entardecer, o roceiro resolveu regressar à casa e, para esse fim, esperou o burrinho em direção a Serra do Buracão, assim chamada em virtude de um horrível desbarrancado, verdadeiro abismo insondável, ali existente, e onde já haviam perecido inúmeros animais.

O cavaleiro seguia despreocupadamente quando, de súbito, sentiu que alguém lhe saltara às costas, fixando-o com um braço ao arreio e arrebatando-lhe as rédeas do animal.

O burrinho, tomado de pavor, arrancou numa corrida doida e, como um furacão, quebrando galhos, fustigado pelos ramos dos arbustos e guiado pelo Saci, voava, às cegas, na direção do abismo.

Continuava, já durante alguns minutos, aquele galope fantástico do burrinho, levando às costas a dupla carga; de repente, faltou-lhe o terreno e cavalgadura e cavaleiro precipitaram-se na vácuo.

Seguiu-se o baque surdo dos dois corpos no fundo do precipício, enquanto em cima, à beira do despenhadeiro, o Saci, como louco, aos pinchos, virando cambalhotas, cantava num gargalhar horríssono o seu hino de vitória."

Depoimento do senhor Nestor Bertone

"Estávamos residindo em Bela Vista, Tatuí, quando se casou uma minha irmã, a mais velha, e foi fixar residência em Tatuí. Passados meses eu quis visitá-la e segui viagem com um tropeiro de nome José Camilo, filho de um meu padrinho. Partimos às seis horas, com o intuito de pernoitar no meio do caminho numa pequena vila, toda cheia de mistérios. Eu naquele tempo tinha apenas 13 primaveras e era um travesso sem igual, tanto que me alcunharam de espalha-brasas. Em continuação a esse lugar, havia um outro chamado Aleluia, onde todos os tropeiros passavam a noite em um barracão. Eu, ouvindo falar do tal negrinho, pus-me à noite em lugar seguro e por precaução fui dormir entre o filho de meu padrinho e outro camarada de nome João, porque o Saci costumava arrastar da cama os viandantes; afinal fizemos fogo e jantamos muito bem. Depois entabulamos uma conversa até tarde; eu cochilava, mas sempre pensando no tal diabinho. Qual não foi o meu sobressalto ao ver perto do fogo um negrinho; era tão preto que o reflexo do fogo parecia um cristal contra uma luz forte. O negrinho começou a mexer no fogo, depois abriu um buraco pequeno na cinza e deitou nele uma porção de objetos esquisitos, e começando a cochilar, parecia que ia cair por cima do braseiro. Logo que percebi isso chamei o José Camilo, ele se levantou, pegou num chicote e aproximou-se do talzinho; mas quando deixou cair a chicotada o negrinho saltou e fugiu, deixando-nos como tolos; começamos logo a dormir outra vez;

mas a sorte não nos era propícia: a personagem misteriosa voltou mais rancorosa, em um dado momento acordei com uma terrível surpresa, pois embaixo dos meus pés estavam pelo menos uns quinze tições de fogo, que me produziam um calor insuportável; pulei para o outro lado da cama e a três passos de mim postou-se o Saci, rindo-se gostosamente. Eu gritei e os meus companheiros levantaram-se. O de nome João sacou de uma garrucha e perseguiu o negrinho, enquanto o outro, de nome Amador, fazia o mesmo.

O negrinho corria tanto que ninguém o alcançou. Acomodamo-nos lá pela meia-noite; porém foi inútil: eu perdi o sono, fingindo dormir, mas sempre com medo; foram estes os momentos de suprema angústia. Quando falo nesta história o meu cabelo cresce. O Saci reapareceu e começou a puxar a coberta; eu fazia esforços incríveis, mas qual, era tudo baldado, o negrinho ria-se e ia me levando com a cobertura; meus companheiros eram também carregados, mas não acordavam, tal era o seu sono. Afinal dei um grito com toda a força: a minha garganta recusava-se a emitir som. Só acordamos de madrugada na beira do rio denominado rio da Aleluia, com as cobertas, e a maior aflição foi ver as nossas roupas todas espalhadas embaixo da ponte a uns cem metros de onde nos achávamos. Eu fiquei tão aterrorizado que não podia falar e só mais tarde, pelas nove horas, readquiri a fala, mas tão embaraçada que parecia de uma criança de 5 anos, até que afinal me voltou a fala natural.

Desde esse dia fiquei acreditando no Saci-cererê, como na minha terra dizem, e posso afirmar-lhe que a pessoa que abusa a misteriosa personagem persegue seja onde for, como aconteceu com o meu padrinho senhor Porfírio Camilo e com o senhor Sebastião Bastos, que o Saci carregou-os para o meio do caraguatá."

Depoimento de Jacques Félix

Este Jacques não é o fundador de Taubaté, mas mora lá. Entre as revelações que faz conta que o dr. Francia do Paraguai era taubateano. Está aqui um lindo tema para encher uma sessão do Instituto Histórico.
Quanto a histórias de Saci não escreve nenhuma, e no mais pilheria o tempo todo.

Depoimento de "Constante leitor"

"Numa cidade do litoral paulista onde sempre a politicagem preocupou mais que nunca deu-se o seguinte fato que me foi narrado pelo chefe político.

Por ocasião de luta acesa entre duas facções havia um espanhol – rábula, que era um bom cabo eleitoral e mesmo dispunha de alguma influência, pertencendo então ao partido da oposição.

Todas as tardes formavam-se os dois grupos em casa de seus chefes políticos e o tal rábula passava pela frente da casa do chefe governista para ir ao centro da reunião de seus correligionários.

Quando ele passava numa das vezes, um cabo eleitoral lembrou-se de fazer uma 'simpatia' para que o tal rábula cortasse as suas relações políticas e expôs o plano ao coronel, que era chefe político, e este, vendo que não havia inconveniência, aceitou, e então foram para a sala de jantar e ali reunidos pegaram ao punho da rede. Enquanto um dava um nó o outro perguntava:

– O que é que eu amarro? – o outro respondia:

– A perna do Saci!

– Para que fim? – o outro respondia:

– Para que fulano abandone a política do Jeremias e passe para a nossa.

Isso repetido três vezes, voltaram à sala de palestra e daí a meia hora apareceu o tal rábula que procurava o coronel e, dizendo em voz alta:

– Senhor coronel, venho dizer-lhe que pode contar de hoje em diante com mais um soldado, pois aquele cachorro etc.

Seguiram-se uns nomes feios etc. Qual não foi o espanto de todos por esse resultado.

No mesmo lugar atribui-se ao Saci o casamento de um padre com uma viúva."

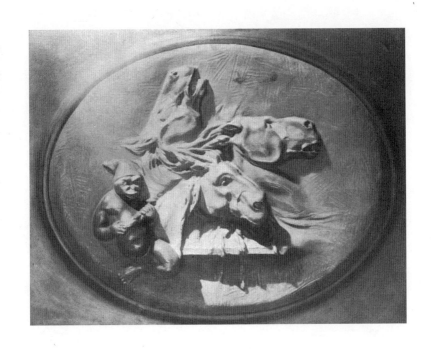

Medalhão em gesso, *por R. Cipicchia*
(premiado em concurso)

Depoimento de Procópio Silvestre

"A mitologia brasileira, como toda mitologia de um povo para o qual a arte é ainda um segredo, ressente-se da rudeza dos seus criadores. Os nossos mitos não passam de combinações dos fetiches broncos das religiões africanas e dos selvagens da América. E mais, nem todas as personagens de que se compõem as lendas brasileiras são de origem exclusivamente nacional. O cérebro do povo, impotente para criar, limitou-se a importar mitos de outras regiões. O Lobisomem, por exemplo, trazido pelos portugueses, é, sem alteração alguma, o *vervolfe* alemão, o *loup garou* dos franceses.

Como em Portugal, o Lobisomem brasileiro, se tem esse encantamento, é porque nasceu depois de uma série de sete irmãs: perde-o sendo ferido a arma branca e foge ouvindo um padre-nosso e três ave-marias.

Como o Lobisomem, a Mãe-d'Água, que é a mesma atração do abismo – a sereia –, e o Saci-pererê foram importados. O Saci-pererê ou 'saperê' como geralmente é chamado no litoral de São Paulo, nada mais é que o próprio Satanás estropiado e quase regenerado. Porque o diabo, depois de assombrar o mundo à procura de almas para povoar os seus domínios, regenerou-se e fez pontes que os homens não conseguiram fazer, sendo geralmente logrado pelos arquitetos que o mandavam trazer água numa peneira. Fosse pelos constantes logros que levou depois de regenerado ou porque não pudesse abandonar o costume de pregar partidas à humanidade ele tornou-se em um espirituoso coisa-ruim, contentando-se em puxar as cobertas dos que dormem e em fazer outras brincadeiras inocentes. Vindo para o Brasil perdeu uma perna, adquiriu o hábito de sugar o sangue aos animais e o vício do cachimbo. Os africanos acostumados a ver no deserto um demônio a provocar trombas de areia deram-lhe mais a atribuição de levantar redemoinhos de terra. Fizeram-lhe depois um assobio estridulante, e o Saci tornou-se o gaiato moleque, o bom amigo que destrói o tédio das noites no sertão.

***

Uma preta velha que me iniciou nos terrores noturnos disse-me que o Saci é primo de Satanás, expulso do inferno nem mais me recordo por que razão.

Em Santos, até bem pouco tempo, o morro de São Bento era habitado por uma enorme legião de sacis que vaiavam os caminhantes noturnos e lá de vez em quando roubavam galinhas e porcos.

Já mais distante, além da Bertioga, no tempo de minha meninice, era desagradável ouvir o assobio do tiçãozinho da mão furada quando se lançavam redes porque as tainhas fugiam, com grande gáudio dos sacis, que vaiavam os pescadores. Não conheci quem lograsse ver do Saci mais do que os olhos e ouvir mais do que o assobio.

Os sacis do litoral apesar de travessos são bondosos, bem-comportados e alguns religiosos até. Diziam os escravos e com eles concordavam os praianos dos arredores que à noite, quando vinham fazer a oração em comum na capela da fazenda, ficava ao longe um Saci assobiando muito triste e rezando também. Para achar coisas perdidas nada como pedir ao Saci! E no entretanto todos temiam-no. E ao ouvir o assobio do Saperê benziam-se e rezavam atabalhoadamente uma ave-maria para afugentá-lo.

Do mesmo modo era um terror imenso o que tinham os praianos do Lobisomem e da Mãe-d'Água. Certa vez, estando de passagem na fazenda um grupo de soldados, já noite tocaram a recolher. A casa encheu-se de mulheres e homens trêmulos e apavorados que diziam estar próxima uma grande desgraça porque era a primeira vez que a Mãe-d'Água cantava assim tão alto.

Das longas histórias que ouvi contar acerca do capetinha de uma perna só: roubos, mortes (é costume do Saci matar os que o ofendem a cócegas ou a pancada), pilhérias, uma somente resta-me na memória, e essa mesma tão semelhante a tantas que já foram contadas que não a repito.

Substituo-a por um soneto, indicando as monstruosidades que pode produzir a relação entre as nossas personagens mitológicas.

O Saci

Ao Monteiro Lobato

Já noite velha, à beira da lagoa
Em que habita, a Mãe-d'Água se penteia
E canta, e sua voz ao longe ecoa
Como a esplêndida voz de uma sereia.

Mas é em vão que o cabelo aformoseia.
Mas é em vão que o penteado aperfeiçoa,
Porque um ente, a que apraz a grita alheia,
O desfaz sem que dela se condoa.

E ela, vendo, já em cólera, perdido
O seu longo trabalho, interrompido,
Lança-se n'água. E então de entre os refolhos

Das sebes marginais, tênue se eleva
Um riso frouxo e mal contido, e os olhos
Do Saci-pererê chispam na treva.

Depoimento de Saul Delphino

"Em tempos imemoriais, afirma-se, havia no interior do nosso estado uma localidade cuja necrópole, durante a noite, era confiada à guarda de um preto velho.

O pobre ancião via-se freqüentemente importunado pelas velhacarias de um malicioso negrinho, que trepado numa árvore próxima atirava sobre ele pedregulhos, pequenos galhos secos etc. O negro vivia a lançar anátemas sobre o autor daquelas brincadeiras (que ele ignorava se pertencia a este ou ao outro mundo) até que numa bela manhã, como se tivessem sido ouvidas as imprecações do velho, o negrinho, ao acordar, verificou que só tinha uma perna, que os seus olhos se haviam transformado em brasas e que, na sua cabeça, fora colocada, durante o sono, uma carapuça vermelha!

Desde esse dia nunca mais a sua vista se pôde harmonizar com a luz meridiana e, até hoje, só à noite sai da sua toca, para entregar-se às diabruras com que, outrora, atormentava o preto.

O Lobisomem 'vem ao mundo' de uma forma quase idêntica. Era um homem perverso que espancava diariamente a esposa. Esta o maldizia, desejando-lhe que, mais tarde, tornado cão, viesse a sofrer os piores tratos. Isto certamente não se deu ainda, pois todos fogem do Lobisomem, mas nem por isso o castigo deixou de ser completo, porque os alimentos que, segundo se diz, se vê obrigado a ingerir durante a noite não devem ser muito agradáveis.

O Canhembora foi, em outras eras, um terrível ladrão de gado, esconjurado solenemente pelos criadores prejudicados.

A 'genealogia' da Mula-sem-cabeça é sobejamente conhecida no norte de São Paulo. O primeiro destes misteriosos animais foi, anteriormente, uma mulher ímpia e sem escrúpulos, que tentara corromper um santo sacerdote.

O Caipora não deve ser considerado como o mesmo Saci, em uma das suas 'modalidades'. É uma 'entidade' à parte. O Saci, como estamos fartos de saber, é um negrinho de uma só perna etc., ao passo que o Caipora é uma preta velha sem dentes e com uma horrível cabeleira, que, a desoras, costuma passear pelos campos, à procura de ervas venenosas para fabricar 'feitiços'.

Reside nos lugares ermos.

Foi uma escrava amaldiçoada pelo amo por haver envenenado um cachorro de sua estimação."

Depoimento de Dodó Carneiro

Com os meus 14 anos, já sou vaqueano de muitas viagens. Fui no ano passado a Iguape, terra de meu pai, e lá, em palestra com o mais velho da terra, o alferes Jacob de Mendonça, fiquei encantado com a história que este nos contou. Dizia ele:

– Como vocês sabem, eu sou nascido e criado aqui nesta abençoada terra, tenho meus 70 anos de idade, dos quais 50 no comércio, estabelecido aqui, onde vocês presentemente estão. Pois bem – continuava ele – há coisa de um mês, mais ou menos, como é de meu costume, levantei-me à uma hora a fim de madrugar no mercado à espera da pechincha que os caipiras trazem dos sítios.

Estava a fazer a minha *toilette* quando pelo buraco da fechadura da porta que dá para a rua, uma voz quase rouca me interpelou:

– Tio Job, onde vai tão bonitinho?

– Ah! rapazes, quase desmaiei de susto! Mais que depressa afivelei a cinta, joguei sobre os ombros o xalemanta e quando ia sair à rua, a mesma voz:

– Que velhinho aborrecido!

– Viro-me e dou de cara com quem? Com o maldito Saci encarapitado na cabeça daquele frade-de-pedra que vocês estão vendo ali na esquina!

Desconjurei o malvado, tirei do pescoço o meu rosário e quando ia jogá-lo sobre o Saci já era tarde: ele ia longe, assobiando e rindo perdidamente! Ah! rapazes, não lhes conto nada! Nessa madrugada não fui mais ao mercado, recolhi-me à casa e no dia seguinte contei o sucedido ao Nhô Jeremias, que por sua vez, muito impressionado, me contou este outro caso do Saci:

– Pois olhe, Tio Job, eu também já fui vítima desse diabinho brasileiro. Escute. Uma vez, podia ser meia-noite, descia eu pelo Beco do Inferno, ia quase enfrentando com a casa da 'Pastel de nata', quando do depósito de porcos saiu ao meu encontro um negrinho nu, tendo uma perna em terra e outra virada pelo lado das costas, a dizer e a pedir: – Nhonhô, me dá o seu foguinho –; sem saber com quem tratava, ia puxar da caixa dos fósforos, mas o negrinho não esperou: deu-me um beijo nas faces e assobiou – sa-ci-ça-perê fim fim! Até hoje, Job, parece que tenho horror aos negros.

O Job contou-nos mais esta:

– O Saci, meus rapazes, anda nu, não tem barrete na cabeça, é pequeno, do tamanho de meia braça; ocasiões há que quando ele assobia perto é sinal de estar longe e quando assobia longe é sinal de estar perto."

Depoimento do senhor
Jorge Ayres

"Com que saudades recordo neste momento a minha meninice tão cheia de gozos!

Naquele tempo contavam-se muitas histórias do 'papão', da 'cigana que come gente', da 'Mula-sem-cabeça' e do celebérrimo 'Saci-pererê'.

Tinha medo de todas aquelas personagens macabras e fantásticas, e qual a criança que ao vê-las através das narrativas não as teme, não as odeia?

A boa Tia Rita, uma velha preta que me pajeara, dizia com docilidade depois de me ver praticar um 'banzé':

– Oie, Nhô Jogi, minino ansim é qui cigana loca gosta de papá; o sinão o Saci garra parecê na hora de dromi fazeno um baruião cá sua perna de pau, a fazê micage, a puxá as coberta, e tocá musga, a gritá fino cumo araponga...

Naquela noite (era infalível) eu dormia abraçado com minha 'maman', como a chamava, mas noutro dia, um poucochinho mais comportado, não deixava de timidamente fazer novas travessuras: a criança é mesmo um sacizinho nas peraltagens.

Uma história que me encheu de pavor foi a que me contara o Tristão, que era então empregado de Nhô Faé, fazendeiro e político de minha terra natal, em cuja fazenda sempre eu passava as férias.

– Nhozinho, é mió vancê num abusá travessano o canaviá do Nhô Morera (o Moreira era o administrador de uma fazenda próxima) pruque vancê corre pirigo. É bão num riscá muito.

— Por que, Tristão? — perguntei-lhe nervosamente.

— Antão num sabe que deu na veneta do Saci andá présta banda a chupá cana, roubano café em penca da tuia i disafiano a corage da cabocrada?

— É? Você já viu o Saci, Tristão?

— Escuite o causo e num garre a duvidá: é verdade como Deus, Nosso Sinhô, tá nu céo. Óie, eu sô, cumo vancê já sabe, num é farofa, cabroco costumado a fazê caminhada em noite iscura, carma o di tempestade; nu meio di mata virge já tenha posado; tenho travessado incruziada um dilúvio de veiz i nunca nada mi sustô; já passei miar de veiz perto di cruiz sombrada. Tá bão, bamo pro causo. Vancê sabe qui pra í falá co Nhô Morera é perciso passá pertico, inté quasi isbarrano, pra tuia di Nhô Faé. Bão, aí mermo, embaxo do pontião, já treis veiz topei di cheio cum o Saci. Eta bichinho feiudo i fedido, cruiz crédo! Eu vi duma vereda o tar di dia, co esses óios ca terra há di comê, mais o tarzinho ansim qui mi oiô varô prum buraco mais ligero cum rato, pruque nessa casião eu baldeava uma cruiz pra fincá na bera da istrada di Nhô João Rodrigo, no lugá qui foi isfaquiado i morto o povre do Bentinho. Dotra feita eu vi ele di noite, quano vortava dum monchirão, ali debaxo do pontião, sentado na porta da tuia, discascano i comeno minduim torrado. Era quagi a hora do Losbisomi. Quano ele mi viu deu um sobio i saiu correno atrais di mim, botano fogaréo pra boca, dizeno: — Pere aí, seu tranquera! O tár sobiava arto i fino pra insurdecê a gente pramordi o que fogi num ovi seu tropé atrais. Corri tanto qui bambeô mias perna i fucinhei bem perto da casa do João Maquinista, sem fôlego, turtuviado, suano frio, cum virtige. Qui mardiçoada noite, Ave Maria!... Daí só mi ribei no clareá da minhã siguinte, achano pertico di mim, em riba do meu chapéo, um bietinho qui dizia ansim: 'Ti isprimentei, caiçara, num ti levei cumigo di dór. Saci'.

— É muito feio o Saci, Tristão? — perguntei bastante impressionado.

— Homi, prá num fartá a verdade, é um mundaréo di veiz mais feio cô capeta que vancê já viu pintado nos livro di reza i nos quadro di santo. O tár vésti um palitó qui ficô vermeio di tanto sangui qui nele cabe quando chupa isganado o sangui das criança pagã i dos nimá; vésti carça preta qui vancê oiano di pertico vê qué um dilúvio di fio di cabelo vorteado quele ranca das muié ladrona i das crina dos cavalo; tem uma perna só, mais grossa do que o corpo de vancê; o disgranhado co ela corre mais ligero do que um bão cavalo di raia! Tem tamem um oio só, mais maió do que uma laranja-baiana, i o tár inxerga mais do que coruja; tem nariz, boca i barba iguar que do bodi; o pé é cumo uma aranha-caranguejera: tem sei dedo peludo i quatorze unha afiada; num tem cabelo na cabeça, mais tem dois chifre cumprido, duas oreia e seti ispinho; a cara é mais preta qui jaboticaba. Homi qué sabe vancê duma coisa? Eu prefiro vê mir capeta do que um Saci. Dizem pru aí qui o tar é fio di Coisa-ruim i parece sempre depois di formado o ridimuinho. Nessa casião a gente antão dá nele uma cusparada i reza esta uração:

Saci, saci, sô inocente,
Saci, saci, num sô valente,
Saci, saci, tem dôr da gente,
Saci, saci, réde di mia frente
Son Pedro, Son Roque, Son Cremente.

Ele grela pra gente, dá uma risadinha, subia, pede enxofre e some que nem rilampo.
Nunca mais atravessei o canavial sem estar munido de oração e piúna."

Depoimento de "Mineiro"

"O inquérito sobre o Saci agoniza. Antes, porém, de ficar encerrado, seja-me permitido contar um episódio da vida íntima do poeta mineiro Aureliano Lessa, byroniano incorrigível, que terminou seus dias em uma longínqua cidade do norte de Minas e, por isso mesmo, ninguém se recordou da intimidade do poeta com o capetinha que V.S. dignificou em sucessivas colunas do grande órgão O *Estado*.

A vida de Aureliano foi muito original. Quase sempre inspirado quando tomava da pena para escrever, sentia, às vezes, dificuldades e as idéias não lhe ocorriam com a prontidão de outros tempos. Pudera! A vida de um byroniano havia de acabar assim... completamente esgotada a imaginação e o estro também. Entretanto, Lessa encontrou uma fonte objetiva de inspiração constante: um tinteiro cujo tampo era precisamente uma cabecinha de Saci, risonho, alegrinho mesmo, com o gorro simbólico por cima. Nas horas de abatimento, a imaginação obumbrada, falto de inspirações, a pena suspensa sobre o papel, o poeta fitava a caretinha e de lá vinha uma corrente de belos pensamentos que no papel se traduziam em formosos versos. Saci inspirava tudo aquilo ao poeta! Que melhor amigo poderia desejar na vida? Com ele conviveu longos anos até que a morte se aproximou do leito de Aureliano, junto à mesa onde estava colocado o tinteiro.

A esposa, senhora de sentimentos católicos, temendo pelo destino da alma do esposo prestes a partir, mandou chamar o confessor – o vigário – para ouvir seu marido. O representante de Deus, ao penetrar no quarto do enfermo, foi logo atraído pela caretinha e, examinando bem, reconheceu o diabinho!

Docemente, naquele tom de voz próprio de quem fala a um moribundo, disse:

– Filho, mande retirar dali aquela figura! É de um mau companheiro para estes momentos e para a viagem do Além!

Aureliano fitou o padre e disse:

– Não! Foi meu companheiro longos anos, inspirou-me belos versos e, companheiro que foi, fiel e bom na vida, se-lo-á também na morte! – E não consentiu na remoção do tinteiro. A esposa desatou a chorar, e Aureliano, dirigindo-se a ela, improvisou os seguintes versos:

Enxuga, Augusta, teu pranto
Nas dobras de tua anágua;
Que teu pobre Aureliano
Morre de barriga-d'água.

O Saci (diabinho), que fazia mal a todo mundo, era amigo do poeta. Sobre a raça dos demônios os vates têm poder. Virgílio não desceu aos infernos a fim de acompanhar Dante? Os diabos o temiam até."

Depoimento do senhor S., de Taubaté

"Quando ainda transcorriam sobre mim os últimos anos da infância, e quando ainda morava eu na fazenda de... ouvi contar diabruras do Saci. E nessa idade de surpresas, em que cada dia que se nos abre é uma novidade, parece que tudo se grava em nossa memória e às vezes é doce como sentir a saudade o relatar fatos que já se foram. Pois bem: eram seis da tarde (dezoito horas no dizer de hoje) quando ao terreiro da fazenda de... chegou o Chico Raimundo, velho, nosso vizinho, sitiante, que vinha dar uma prosa. Talvez porque me achasse só, talvez porque estivesse ainda com a impressão fresca, contou-se o que se segue e o que eu procuro repetir suprindo, apenas, com a minha pobreza de forma a dureza agreste da linguagem da roça, sem contudo tocar na figura, no objeto da crença ou no fundo do conto que para aqui traslado. Disse o Chico Raimundo:

– A noite passada acordei, levantei-me, abri a porta da cozinha, olhei as estrelas; era tarde e pelo jeito (aspecto) da noite pouco faltava para o galo bater as asas e soltar o primeiro canto. Devia ser pouco mais de meia-noite, hora em que a água ainda está dormindo. Fiz um ligeiro ato fisiológico e quando ia fechando a porta ouvi um forte assobio. Será ele? Perguntei, medroso, a mim mesmo. Quando fui entrar no meu quarto, ao atravessar a porta, estendi-me no chão. Pois havia tropeçado na gamela grande, de cedro, em que Nhá Fana (dona Estefânia, mulher do narrador) guarda carne e toucinho, na despensa.

Então abriu-se-me a inteligência; vi que estava sendo perseguido. Era o Saci. Pois se Nhá Fana deixou a gamela cheia, pesada, na despensa e a chave estava no prego, à moda da roça, como poderia a gamela, pesada, ir parar justamente naquele lugarzinho, minha passagem obrigatória, para, no escuro, me derrubar? Já no quarto e apesar do tombo que me judiou da testa e do nariz, arranjei luz e com isso pensei afugentá-lo e para me distrair cortei fumo, enchi o pito e tentei acendê-lo; chupava-o, chupava-o, nada. – Fumo novo! –, disse. Distendi-o mais; pus fogo, chupei, chupei, nada. Depois à força do calor da lamparina a saborosa fumaça já vinha vindo e crescendo quando de repente o canudo do pito abriu-se em dois, na minha boca e três assobios, um em cima do outro, eu ouvi lá fora, no terreiro. Tremendo, tirei do oratório o terço de Nhá Fana, subi à cama, pulo à minha cabeceira, enterrei a cabeça debaixo da coberta e agarrei-me à cacunda da mulher. Então, sossegado, disse: – Agora você pode botar fogo na casa que aqui nada vem. – Ou porque estivesse eu já vencido, ou porque estivesse eu, assim, à força do terço da mulher, inacessível às suas diabruras, o Saci me deixou.

Lá de dentro chamaram o Chico, nós fomos; era hora do café. Depois a visita partiu. Não mais conversamos sobre o assunto.

Rolaram-se os dias no novelo dos anos da época a que me voltei e, embora palidamente, sei que estava eu em casa do Joaquim Pedro, velho e amigo, e ele, ou para espantar-me aos outros que o ouviam, ou para propagar a sua crença, contou-nos que ficara até tarde na venda do senhor Gaspar Junqueira, sita à margem da estrada de rodagem que vai à cidade de...; e quando montou o seu castanho em busca do rancho e dos filhinhos a crescente já ia caindo no poente e no doce azul do céu da noite só restavam as estrelas. Trazia à garupa o saco de mantimentos e vinha com a cabeça metida na gola do sobretudo e com os olhos nas orelhas do animal. Quando chegou num descampado, numa várzea, ensombrada pelos morros, ouviu um forte assobio à direita. Quem será?, indagou baixinho. E olhos daquela banda, apesar da pouca luz. O medo, a suposição de que fosse ele – o Saci – já o havia invadido. Outro assobio, mais forte, em seguida, fez-se ouvir, porém, à esquerda. Ele, atrapalhado, virou o rosto. Um terceiro assobio, forte, bem no seu ouvido, à queima-roupa, mas à direita, outra vez! Virou-se. Parou o castanho. Outro assobio à esquerda! O quarto. Desta vez, porém, ao virar-se, uma agudíssima dor atravessou-lhe o pescoço. Tocou o cavalo e à proporção que caminhava os assobios se faziam ouvir, ora à direita, ora à esquerda, fortes, brandos, límpidos, roucos, tristes, alegres e, a cada um, agudíssima dor como que causada por fina agulha lhe atravessava o pescoço. E de mistura com a dor foi obrigado a rir. Um forte esbarrão nas virilhas provocou-lhe muita cócega. Foi um coice do Saci. E assim vem sofrendo até chegar a Santa Cruz do 'Batista Velho'. Concluiu:

– Esse negrinho, de cabeça vermelha e de uma perna só, quando não está no fundo dos grotões escuros, dormindo, ou no pescoço dos cavalos, correndo, vem mesmo judiar da gente. Mas ele também fica preso.

Sabe como é? Quando se forma no chão um redemoinho e o cisco e as folhas secas se levantam, em coluna, a gente abre um rosário em círculo e laça a coluna que está virando. O Saci fica preso e por uma porção de tempo não aborrece mais ninguém."

Depoimento de Luigi Cappalunga*

"Anch'io, vecchio bitando di questo benedetto paese dove i miei figlii si dexáronno pigá la luce do'usdi – anch'io voglio intervenire in zima di quello affare do'u Zazi.

E perché no?... Noi altri, taleani, siamo ingorporati al Brasile di tutt'us guore. Io, spezialmende, mi sono ingorporato da'a veritáde. Aggio arrivat'a Zantos do'u 1857 – (milla ottocento zincuanta zéte, non é mica storia, caro zignore redattore!). – In quello tempo, pure ancora s'amarava i gachorini c'as linghiza... Il Brasile era sotto la direzione di quel galantuomo chi si chiamava Pietro Sicondo – uno vecchio molto zimpaticone, ch'iu fú moltas vece a comê as macaronada co'ello a Rio. (Perché il Pietro dimorava a Rio co tutta las famiglia di ello, e qualche volta se ne andava a pigliare un pó d'aria a Petropolis, in goppa us mare).

Oggi – pêl'a'maronna! – si é fatta la Rimprubbica do'u quindice novembre, e ne hanno mandato via il Pietro – povero lui – che é morto a Portogallo e ancora non fu interrato. Io non sô; má accussi si dice.

Ebbene. In quello tempo ch'io mi sono arrivato a questo paese, tutto stava moltos trazato. Il mio caro Buô Ritiro non era che un piccolo paesino senza portanza; quello affare di 'progrezzo' non'era ancora arrivato a Zampaolo; i bondis si dexávonno puxá co'us burrinho e nisciuno si penzava dalla letricitá; la rua Quindice Novembre si chiamava 'Peratrice'. In quello tempo

---

* *Escrito no estilo conhecido como "macarrônico", típico da linguagem dos imigrantes italianos que viviam em São Paulo no início do século XX. Nota desta edição.*

si! ce si garava la vita zocegáto... É veritáde ch'io fece qualche cosa; má poteva faredi piú – porca miseria, perché tuttas a gende erano 'troxa'. Oggi... stanno a Zampaolo certi gavatori d'un cane...

A milla ottocento zincuanta zéte, quindi – i Zazi andavanno da'apertutto Zampaolo e non s'importavanno conisciuno.

Oggi, veramente i Zazi stanno ficano 'arisco', pê motivo che us pretto stanno cabano. (Perché il vero Zazi, quello liggitimo, era uno prettinho, grazatinho, molto birbante, molto figlio d'nu cane.)

A'aggio leggiuto in zima do'u 'Statinho' tutta a roba chene hanno scrito in zima do'u Zazi Zapêrê Maaaá... ché!...

U zignore quereva gontá pr'a'mi?!

Io sono vecchio amico di Zazi – Perêrrê e senza Perêrê – e una volta ne abbiamo pigliato uno piccolino, (sarebbe figliote) pê gopêro in da'a casa nostra, a zangarlo do'u Binhala (io faceva us golono a Zangario, má largai, pê motivo che mio figlio Beppino s'aggia pigliat la feppra pneumatica in goppa's us polmone).

In quello tempo ancora vivveva mia moglie, poverina, che é morta pê una febbra polperale, da uno sborto que teneva a parturire. Mia moglie si chiama Garméla – un pezzo di napoledana che faceva gusti di vedê! A'ggio piangiuto molto quando ella moriva, poverina, maaá... che si tem d'a facê? Quando cápita il giorno, non c'é mica lambanza, caro mio.. Tuttos noi abbiamo d'a morire.

Como dicevo – il nostro piccolo Zazi era molto spertinho, prettinho comi us carvó. Teneva due perne solamende e faceva tuttos quello che tutti Zazi, piú o meno, sanno fare Bringava, correva pulava, sopiava, gantava, era una alegria.

Il suo padre era un vecchio Zazi che metteva paura, porca miseria! Fú schiavo di fazendêro e doppo si figlió ia liberazione e faceva u gapitalista in zima d'urdinato do'u figlio.

La mia pinione, in zommna, sarebbe questa:

Il Zazi non é un mito, má nu vero vivendo. Quale l'origine do'u Zazi? Molto facile da'a respondê: – 'tutto'us prettinho che stanno pê'a strada sono Zazi'...

Questa é la mia pinione.

Scuzi, zignore redattore, si non scrivo tanto bene il portogheze, perché é una lingua troppo trapagliata pê noi altri taleani. Si mio figlio Beppino stasse a Zampaolo... ello si, che sá scrive como un diagraziato, meglio ancora di mê..."

Depoimento de Ângelo Med.

"Eu também, quando no meu tempo infantil me relatavam com rodeios aterradores as proezas do Saci-pererê, também tremia e poderei jurá-lo que nessas noites, no meu leito simples e singelo de criança inocente, mergulhava na letargia e sonolência os meus puros pensamentos infantis, e divisava-o junto a mim, com os seus olhos esbugalhados, com as suas unhas reluzentes e compridas, o seu gorro levemente inclinado para a direita e seus níveos dentes a rangerem uns de encontro aos outros como ameaçando trincar-me os ossos se tentasse enfrentá-lo.

Então nessas críticas situações eu, com o coração oprimido e com o cérebro quente e a face branca de neve, puxava o lençol vagarosamente, para que o espectro não me visse, mergulhava a cabeça debaixo da roupa e julgava sentir sobre mim as garras do fantasma roçarem-me com uma nervosidade espantosa. Esperava que as cóleras assustadoras do Saci abrandassem e depois de alguns minutos de tenebroso silêncio, num rasgo de coragem, emergia a ponta avermelhada do meu apêndice nasal, qual periscópio, e ó supresa! – o Saci ainda lá estava, com a rigidez e firmeza dum cavaleiro da Idade Média, como que a esperar a minha decisão para proceder conforme lhe aprouvesse. O caso é que por causa das dúvidas tornava a repetir os movimentos pacíficos já empregados e a terceira vez quando notava que estava livre da incômoda visão que me arrebatava o sono, rápido como uma corça, saltava da cama e deitava a correr com quanta velocidade as minhas ainda frágeis pernas fornecessem, e ao chegar em frente ao quarto da minha querida mãe, estacava e pensava mais calmamente nos acontecimentos. Se fosse dizer que era o medo que me levava a incomodá-la àquela hora da noite, não só me arriscava a uma tremenda descompostura como também no dia seguinte o relato da minha aventura noturna, com o único fito de me envergonhar, me arrebataria a fama nobremente conquistada de valentão destemido, que tinha granjeado na escola. Então a idéia de pretextar uma dor ou uma terrível pontada, avolumava-se e lá estava eu no quarto da minha genitora, imitando uns estorcionismos que tinha presenciado numa companhia de cavalinhos que há pouco tempo lá tinha estado e com uma voz soluçante choramingava para dar um cunho de verdade à cena:

– Ai que dor, ai que pontada do lado do coração que parece que o quer partir! – Minha mãe assustada e ofegante levantava-se do leito, ia tratar de acordar o Nhô Tinoco, para fazer um chá de cidreira e ela sentava-se junto a mim indagando ansiosa onde era a dor que me atormentava. Eu, sempre atrapalhado com a explicação que devia dar, ora me referia ao lado esquerdo, ora ao direito, e creio que muitas vezes fiz passar a pontada do coração para os rins e vice-versa. Nessas noites não havia anjos do céu que me levassem daquele asilo.

Quantas vezes naquelas inesquecíveis noites de luar, na esplanada do Tio Bento, eu e todos os meus lembrados camaradas, brincando de barra-manteiga, ouvíamos um ruído estranho e um dos mais tímidos ou mais espirituosos, num tom de alarme e de terror, gritava: – Olhem o Saci!

Essa frase era o que bastava para lançar o medo nas fileiras e então cada um tratava de se aproveitar de suar aptidões de corredor – era quem mais podia fugir, o que não obstava de muitas vezes ao chegarmos ao largo notar-se a falta de dois ou três amigos, que finalmente apareciam lá ao longe numa volta do caminho, pálidos, com os joelhos ensangüentados pelos trambolhões que tinham dado na retirada e contando que o Saci, por segundos apenas, os teria agarrado. Nessa noite só se falava do famoso Saci, e o Tio Quim começava as suas intermináveis narrações, o que obrigava nos transes mais terroristas a criançada a se lhe agarrar às trêmulas pernas, transidas de horror. Depois, às oito horas, cada qual se retirava para a sua habitação, cheio de idéias negras e de ilusões fantásticas, enquanto ao longe, lá nos imensos sertões, a lua lânguida e brilhante espalhava os seus raios, e o saudoso Nhô Punga lançava ao vento a sua quadra romântica e regional:

Ó menina não te cases
Goza-te da boa vida.
Eu conheço uma casada
Que chora de arrependida."

Depoimento do senhor
S. Nogueira de Lima

"'O herói da sexta-feira' – quanto à sua forma de aparição e qualidades pessoais, é o mesmo de todos aqueles que se têm dirigido ao *Estadinho*.

Há uma particularidade, porém, que desde logo me preocupou, da qual não tive conhecimento nas informações já prestadas.

Refiro-me ao modo como o Saci chama um outro, ou mesmo 'uma outra'.

Digo uma outra porque, forçosamente, o Saci deve ter uma grande prole. Se assim não fosse, não se poderia compreender, por mais endiabrado que seja, um único Saci com residência fixa em diferentes localidades, como atestam as informações de diversos pontos do estado.

Lembro-me, na minha meninice, de ter ouvido o Saci chamar um outro, quem sabe se a mulher, a namorada ou mesmo a amante, sendo notável que 'esse outro' sempre respondia pressurosamente. A chamada era por meio de assobio, porém não o assobio de moleque ou de vaia com que ele costuma tentar a humanidade crente e de boa-fé. Não.

Esse assobio era como que um canto de chamada, cheio de melodia e de relativa tristeza, pedindo, suplicando uma aproximação.

Devia ser esse o único momento em que o Saci não gracejava. Entretanto, para não negar o seu espírito travesso, nota-se que o seu canto de chamada tem um ritmo de polca.

Hoje explico essa impressão.

Há um passarinho, habitante de brejos e margens de rios, que tem um canto de chamada que quase fala "Saci-pererê".

Não sei o nome desse passarinho, mas não há pescador que o desconheça, como muitos me informaram.

Alguns, como os pescadores do rio Pardo, chamam-no, mesmo, de *Saci-pererê*.

É notável que esse passarinho cantando, um outro logo responde. Daí a impressão que se tem de que o Saci 'está chamando'.

Para melhor explicar essa impressão, aqui vai, em música, esse pequeno canto de chamada.

Aquele que souber solfejar assobie e depois cante o que adiante vai escrito e verá que está cantando um trecho de música com a seguinte letra: *Saci-pererê*:

Pois bem, aí está um 'motivo' para que os nossos compositores musicais se inspirem, concorrendo, assim, para a glorificação musical do Saci-pererê.

Para começar, servindo-me dos poucos recursos artísticos de que disponho, junto envio uma polca, para piano, denominada *Saci-pererê*, que escrevi inspirando-me naquele 'motivo'."

Depoimento de "Brasilófilo"

Depois de extensas considerações nas quais nada diz de novo sobre os pontos já esclarecidos, narra uma travessura curiosíssima atribuída em Minas ao Saci.

"Em outras eras, tinha como teatro de suas maldades e judiações as senzalas e fazendas de muita escravatura. Puxava a coberta dos negros e fazia-lhes cócegas quando estavam no melhor do sono; enchia de cinza quente os olhos dos crioulinhos; atirava brasas no seio das negras; arrastava as crioulas para o fundo das brenhas; dava sumiço em crianças.

Era o presidente efetivo dos 'candomblés' e dirigia as cenas de feitiçaria e depravação. Era-lhe consagrado o dia de sexta-feira, e as suas assembléias reuniam-se sempre à meia-noite em ponto, debaixo de uma figueira-brava. Esta árvore goza de má reputação nas histórias do sobrenatural, tem a faculdade de ser simpática aos espíritos erráticos, e é sob as suas folhagens que se realizam as sessões diabólicas e em suas imediações que sempre aparecem fantasmas.

Não muito longe, em uma capela ou povoação, nas fronteiras do estado de Minas, deu-se um episódio, típico.

Na era de 1810 (conhecemos algumas pessoas que davam da ocorrência os mais amplos esclarecimentos), na vila de Jacuí, vivia um pobre homem tirando insignificantes proventos da indústria de folheiro. Os dotes físicos do senhor Quim Cara-cará não eram desejáveis, e, para maior tormento, era papudo, tinha um papo famoso, pendurado por um cordel, do formato de um mamão-macho.

Por esses tempos os papos eram muito comuns no arraial do Jacuí. O do senhor Cara-cará estava fora da moda, era um papo *sui generis*, não se acomodava por dentro da camisa, impedindo-lhe usar o jaleco abotoado. Esse acréscimo de membranas foi causa de muitos desaguisados e desgostos para o pobre homem; tanto quanto o nariz excepcional para Cyrano de Bergerac, o ilustre excursionista das plagas lunares.

Ralava-se o senhor Cara-cará com os motejos e referências ao apêndice disforme e muito aborrecido da vida largou a família, disposto a nunca mais aparecer em público.

Foi andando à toa, como quem cogita um plano indefinido e vago, esquecido de si e do mundo, até que a noite o surpreendeu na raiz de uma serra, ao pé de uma figueira. Encaramujado em sua tristeza mortal, entregue a uma dor íntima e estranha, rendeu-se ao cansaço e ferrou no sono.

Lá muito fora de horas, a serra estrugiu com a cantarola ensurdecedora dos sacis, que dirigindo-se para a figueira, capengando nos pés unos, vinham cantarolando:

Segunda, terça e quarta,
Furrundum! meia-noite, sinhá!
Segunda, terça e quarta,
Furrundum! meia-noite, sinhá!

E os olhos dos sacis chispavam faíscas brilhantes, a terra parecia tremer e de cada canto da serra o ferreiro via surgir bandos intermináveis desses entes terríficos.

Como estava deliberado a deixar o mundo, reprimiu o medo, que contra ele não teve poder.

Não era tão grande a caterva, como a princípio se lhe representara.

Em chegando os sacis, o folheiro meteu-se no meio deles, dançando e batendo palmas, imitando-os e acompanhando-os na cansativa melopéia:

Segunda, terça e quarta,
Furrundum! meia-noite, sinhá!
Segunda, terça e quarta,
Furrundum! meia-noite, sinhá!

– Oh!... – fez um dos sacis. – Quem é este companheiro tão bom que nos aparece hoje?
– É um papudo... – disse um outro.
– Vamos curá-lo do papo?... – acrescentou um terceiro.

Um saci agarrou o Cara-cará pelas costas e outro deu-lhe um puxão com tamanha força no papo que este se despregou do pescoço e, escapando das mãos do saci, ficou dependurado num galho da figueira.

E a dança macabra e o canto, em estilo do jongo, prosseguiram com animação, sendo dela compartícipe o senhor Quim Cara-cará, livre do bócio, que o afeiava e sobre si chamava sátiras e galhofas.

Reanimado, vendo a vida por um prisma mais alegre, sentindo reavivar-se nele o desejo de gozar, o senhor Cara-cará apareceu, no dia seguinte, em Jacuí, como se fosse outro indivíduo, sendo alvo da curiosidade geral, recebendo parabéns da capela em peso, que o felicitava pela milagrosa operação.

Entre os curiosos que vieram trazer-lhe cumprimentos contava-se o Zeca Paneleiro, distinguido por um papo marrudo, da conformação de um inhame, cortado de veias estufadas. Cedendo às instantes deprecações do invejoso Zeca Paneleiro, o senhor Quim Cara-cará contou-lhe, em todos os seus detalhes, o extraordinário caso, a parte que tomara na dança dos sacis e a maravilhosa operação que lhe fizeram, sem que sofresse dor e nem tivesse perdido pingo de sangue.

Nessa mesma tarde, depois de plenamente informado do local e da figueira, o Paneleiro se pôs a caminho e teve a dita de encontrar e reconhecer a figueira, sob cujas ramagens se operara tão espantoso prodígio. Não podia se enganar, pois lá estava pendente de um galho o papo do outro.

Noite velha. A serra estruge ao ritmo da dança dos sacis e de seu estribilho cantarolado no estilo do jongo. O bando sinistro aproxima-se. Eles vêm capengando em suas pernas unas, dos olhos desferem centelhas luminosas, cantarolando sempre:

*Segunda, terça e quarta,
Furrundum! meia-noite, sinhá!
Segunda, terça e quarta,
Furrundum! meia-noite, sinhá!*

Os pêlos do corpo do Zeca Paneleiro eriçaram-se. Todo ele tremia, como vara verde. O terror apoderou-se do papudo, que desatou a roncar, e, quando quis acompanhar os sacis nos movimentos da dança e na toada da cantarola, foi com voz débil e trêmula que conseguiu regougar:

*Quinta, sexta e sábado,
Furrundum! meia-noite, sinhá!
Quinta, sexta e sábado,
Furrundum! meia-noite, sinhá!*

– Oh... – fez um dos sacis. – Quem é este diabo tão ruim que nos aparece hoje?
– É um papudo... – disse um outro.
– Vamos pregar-lhe mais um papo? – acrescentou um terceiro.
E imediatamente um saci subiu à figueira, tirou o papo do Quim Cara-cará e... – *paff!*, pregou-o no toutiço do Zeca Paneleiro com tal violência que o fez focinhar.
Os sacis não gostam da quinta-feira, porque é o dia do Santíssimo Sacramento; nem da sexta, embora neste dia é que eles mais trabalham, porque é consagrado à morte de Jesus; nem do sábado, porque é o dia de Nossa Senhora.
Ficaram com ojeriza ao Zeca Paneleiro por falar nesses dias, e então o adornaram com dois papos: um adiante, no pescoço; outro atrás, no cangote.
E, no outro dia, o triste Paneleiro chegou a Jacuí, debaixo de chufas e caçoadas de todo o arraial, que não podia compreender como, da noite para o dia, aquele homem pôde ficar daquele jeito.
Patifaria do Saci-cererê; nestas coisas e outras de igual calibre ele é mestre jubilado."

CONCLUSÃO

E o inquérito, como tudo que tem começo, teve um fim. Cabe agora, à guisa de fecho áureo, a reprodução das formosas conjecturas que a propósito escreveu em Baependi o senhor José Antônio Nogueira.[1]

Conjecturas etnográficas

Graças ao inquérito que brilhante colaborador do *Estado* teve a feliz lembrança de instaurar acerca da lenda do Saci, a figura do estranho mito já adquiriu o relevo suficiente para que se possam fazer algumas conjecturas sobre a sua origem e formação.

Tem-se escrito que tal crendice é devida ao elemento indígena e africano, como se a colaboração do branco tivesse sido nula ou quase nula. Entretanto, essa não nos parece ser a verdade. A fisionomia moral ou espiritual do singular duende é claramente indicativa de que em sua elaboração interveio a mentalidade do civilizado.

Nietzsche escreveu que não poderia acreditar em deuses que não soubessem dançar. Tão curiosa afirmação, longe de encerrar um disparate, como queria Buchner, revela atitude perfeitamente compreensível no autor do *Zaratustra*. Do selvagem, ao contrário, se pode dizer que não é capaz de conceber um deus que dance e ria. A idéia de uma divindade brejeira, de

---

[1] *Escritor e companheiro do autor na república estudantil do Minarete, foi um dos sócios da editora Monteiro Lobato & Cia. Nota desta edição.*

um ser sobrenatural, amigo do saltarinhar e de gracejar, à feição do Saci, não sairia senão da cabeça de um civilizado.

Os gregos tinham "demônios" alegres, apaixonados da dança e do riso. Sileno era jovial e dado à mais cômica embriaguez – traço tão caro ao filósofo alemão que ele fez de Baco ou Dioniso um grande símbolo, hoje muito em voga entre os letrados. Os sátiros constituíam uma verdadeira revoada de sacis. Mas... os gregos eram os gregos.

O nosso africano, antes de transplantado para estes climas, venerava certos feitiços a que os "vuaganda" davam o nome de "muzimus", porém eram sempre gênios "sérios".

Bons ou maus, não riam, nem se deixavam meter a riso. Terríveis ou propícios, mostravam-se ciosos do seu prestígio – queriam-se adorados e temidos. Quem tiver a paciência de ler os trabalhos de Stanley, de Livingstone ou do Cameron convencer-se-á do acerto de semelhante observação. Quanto ao aborígine, achava-se ele, como é sabido, em um grau de desenvolvimento muito inferior ao do africano. De sorte que sós, tais raças, sem a colaboração do branco, não vingariam idear uma entidade qual o Saci. Este é folgazão e zombeteiro. Gosta de gracejar e de divertir-se à custa dos homens, o que faz às vezes com muito espírito. Se lhe retirarmos a figura de negrinho, que lhe dá a tradição mais comum, e o nome indígena ou, como querem outros, de pura formação onomatopaica, daremos de rosto com o Puck, também chamado Robin Bom-Diabo, de Shakespeare. Eis a descrição que o imortal dramaturgo faz desse irmão do Saci: – "Espírito velhaco e maligno, compraz-se em assustar as raparigas das aldeias; desnata o leite, toca o moinho, atormenta as caseiras, que se cansam de bater em vão a manteiga, e impede a fermentação das bebidas. Desnorteia os viandantes, durante a noite, e ri-se de suas penas. Imita o nitrido das éguas e folga de pregar peças aos animais. Esconde-se na caneca de uma comadre e, quando ela vai beber, salta-lhe de encontro aos lábios e entorna-lhe o líquido no seio emurchecido. A mais venerável tia, absorvida em contar a mais triste história, o toma muita vez por um tamborete de três pés e, em querendo sentar-se, desaba em terra, provocando o riso de toda a assembléia". É companheiro de

Oberon e Titânia e, como tal, faz parte do leve bando dos silfos e gnomos.

Cotejem-se agora essas diabruras de Robin com os mil sucessos alegres em que figura o jovialíssimo Pererê, e ver-se-á quanta razão teve Sílvio Romero de escrever que "as crenças e tradições brasileiras encerram dados contraditórios de todas as fases do pensamento".

Não é, pois, inteiramente aceitável a opinião de Pacheco Júnior, exarada em artigo publicado na *Revista Brasileira*, de que o Saci é, como o Caipora, criação mítica devida aos nossos indígenas. Estes apenas concorreram com o seu vago terror supersticioso e, talvez, com o nome. A figura engraçada e espiritual do irrequieto diabrete denuncia transparentemente o riso, a cachaça, o bom humor do português – bom humor de que se encontram muitíssimas amostras nas canções e festas populares –, nas desfolhadas, nas danças, nos fados e até nos *Lusíadas*, onde, através da "fúria sonorosa", se podem distintamente ouvir as risadas sadias do forte soldado que foi Camões.

Não se infira daí que pretendamos diminuir a parte dos pretos e vermelhos na formação de tão interessante mito, muito pelo contrário, é óbvio, a nosso ver, que sem o seu concurso não seria possível o aparecimento da lenda. Essas raças, com o fetichismo e naturalismo animista característicos de sua mentalidade, forneceram como que o elemento, a atmosfera, o meio moral onde podiam vingar semelhantes crendices. A tais disposições psíquicas aliou-se o aspecto sombrio das florestas, a vaga inquietação produzida pelos largos espaços desabitados e também o excesso da luz, não menos fértil em fantasmagorias do que a escuridade da noite. E foi nesse ambiente de fogo e de cerrados matagais na vasta solidão incendiada dos sertões, quando o pio monótono de um pássaro invisível, perdido na espessura ou no fundo das bocainas, desperta estremecimentos atávicos e medos supersticiosos, que nasceu o Saci – tão vago, indefinido e temeroso como o Caipora Caapora. Este último, não sabemos por que misteriosas razões, mui pouco tentou a imaginação do branco e até o presente guarda a indecisão de todo mito indígena (sendo, contudo, de notar que o vocábulo tupi, no passar para a linguagem comum, ganhou o indefectível matiz cômico com que os dominadores sublinhavam as nevoentas concepções dos autóctones e africanos). No caso, porém, do Saci interveio a colaboração do civilizado – e aquele estado de alma entre melancólico e apavorado, misto de espanto e saudade, terror de emboscadas iminentes e afluxo de nostalgias obscuras, se foi a pouco e pouco alterando ao som dos motejos e risadas do senhores-moços ou patrões... Perdeu o vago, personalizou-se e transformou-se no gnomo zombeteiro que conhecemos.

Em conclusão – o preto e o índio deram, por assim dizermos, a matéria-prima com a qual o europeu plasmou a maliciosa figurinha que de imaginação em imaginação chegou a tocar as raias do mais leve magismo poético, da mais irisada "féerie", e é hoje incontestavelmente digna de aparecer ao lado dos Pucks, dos Oberons e das Titânias.

Saci na estrada, *por Fantomas*

EPÍLOGO

Este livro tem o mérito de fixar um momento da vida duma superstição popular. Como tudo, as superstições evoluem, determinadas pelo meio ambiente e pelas variações etnológicas. Nascem, crescem – e não morrem. Transformam-se. Se um sacisólogo a molde daqueles pacientíssimos professores de Jena que pegam de cara uma palavra moderna e afundam pelas idades adentro até ferrar a sua raiz no balbucio dos árias, se um cérebro assim conformado fosse possível entre nós, e desse pábulo à gana do escabichamento indo na cola do moleque raças e épocas em fora, através de Portugal, dos iberos, dos árabes e moçárabes, do romano, do grego, do assírio, do egípcio, e chegasse até ao paraíso terreal, havia de engelhar maravilhosamente o Saci nos mil e um demônios em que se esfarelou o velho Diabo-mor, pai da serpente nossa mãe. Nada de espantos. O mundo moderno é obra pura da serpente bíblica. Não fora ela com o seu truque da maçã proibida e tudo quanto existe não estaria ainda latente no angelical jardim zoológico, sem sorteio de bichos, do Éden adâmico?

Ora, pois, não há nesta faixa quente e impaciente do globo sábios deste fôlego; e que houvesse um por arte do acaso: não haveria leitores capazes de ingerir o in-4º em seis tomos por cujo dédalo de citações corresse o fio de Ariana condutor do Saci de hoje ao espermatozoário inicial. Vons Genneps, Böckels, Frobenius, Wundts, Benignis, Olriks; não os temos cá a estes folcloristas de formação cerrada. Mal, por um desvio orgânico, esboça-se entre nós um Genneps, enfrascam-no no vidrão de álcool do Instituto Histórico, onde o sujeito fica pelo resto da vida condenado a declarar suas *trouvailles* a uma assembléia de carecas e surdos que o "ouvem" a ressonar; e vai depois a coisa para o *in pace* da revista respectiva como um corpo morto vai para o *ad perpetuam* da paz inviolável do túmulo. Viva! Não temos a *lourdeur* germânica. Somos leves, aéreos – uns alfenins; somos "ligeiros" – levianos. Pela rama: que linda a nossa senha! Borboletear... Viva!

Reunir este inquérito sobre o Saci em livro foi África. Tudo é África entre nós. Uff! Que ele agora corra o país ou biche nas estantes, e amareleça com o tempo, e o roa a traça até que um dia um Livingstone o fareje e extraia dele a lição científica. Nós paramos à porta, bons brasileiros que somos. Enquanto é de voar, voamos; em soando a hora de cavar túneis, perquirir origens, batear, deduzir, induzir, concluir, analisar em suma – pensar em sumíssima (que horror, pensar!) vem-nos logo o bocejo, o espreguiçamento, a necessidade de "ir ali ao Largo do Rosário falar com um amigo", e gorogotó galhetas. Para que pensar? Sem nada disso a Europa vive de curvetas diante de nós...

***

Este livro significa um pouco mais do que parece ao primeiro relanço. Revela o onde e o como se hão de buscar os elementos de estudo e compreensão de nós próprios. Até hoje seguimos a senda oposta. Para fazer um fato novo tomamos a medida a um habitante da Lua. Nunca nos vemos a nós, e todos os nossos males embicam nesse erro.

O país cindiu-se em duas zonas sociais. A zona plagiária e a outra.

A plagiária arrota-se de civilizada porque montou à beira-mar um mambembe pilharengo de civilizações alheias, e vive a epatar-se (a palavra é criação dela e mostra que original inventiva ela tem) e vive a epatar-se a si mesma com o uso e abuso das idéias, álcoois, sentimentos e farofas que a Europa lhe impinge em troca do café, da borracha e do cacau que a outra produz. Dá-se a todos os luxos europeus; inclusive ao de uma arte morfinômana, caquética que impa de *boulevardière*. Supõe-se esta civilizaçãozinha um raro *whisky* de requintadíssimo sabor; mas não passa, no juízo dos paladares finos, de insulso capilé. Capilé com goma, no máximo. Capilé *gommeux*, ah! ah! ah!

Pois bem, os destinos do país enfeixam-se nas mãos deste capilé. É ele quem pensa (perdoa, meu verbo *pensar*, o emprego que se te dá aqui!), é quem dirige, é quem educa e governa. Todas as forças e recursos estão em suas munhecas de mico. Tem um ideal: civilizar a "outra", porque a outra o envergonha. Capilé treme quando um P. Adam, ou qualquer outro dejeto de *boulevard*, acode ao apelo dos chanceleres (*pff!*) para que venham descobrir-nos.

– Horror, meu Deus! Que dirá Mr. Paul se lhe dá na telha sair da avenida e penetrar nesse indecoroso sertão e lá enxergar homens cor de telha lavrando a terra sem pulseiras de relógio nas munhecas, bebendo cachaça em vez de *chartreuse*, lendo no livro da Natureza em vez de ler no Binóculo!

Pensa deste teor e age em conseqüência, mestre Capilé.

Para salvar o país da infecção sertaneja arma arapucas que vão da cartilha obrigatória – primeiro degrau conducente ao Binóculo, ao voto eleitoral –, isca desse chamado sufrágio universal, à chalaça democrática que há de sacudir com os melhores risos o diafragma dos pósteros.

Ah! Teufelsdrocks do futuro, homens duma gargalhada única incubada ao imo do ser, anos e anos à espera do supremo cômico para explodir: cascalhareis todos, espirrareis risos incoercíveis quando souberdes que prodígio de sério cômico era o nosso sufragiosito universal! Ou sereis vós, ó netos, tolos e ridículos um bocado mais do que somos, como somos dez pontos mais que os nossos avós?

※ ※ ※

O estudo das crendices populares revela o povo em sua íntima textura psíquica. Revelar é conhecer. O conhecimento do povo, e só ele, ensina os meios, os canais, a arte de educá-lo. Procedemos, nós educadores, assim? Nós, Rio e São Paulo, nós Capilé dirigente? Não. Em ocasião nenhuma, ao criar um instituto político, ou literário, ou educador de qualquer natureza ou grau, o governo, cuia oca à qual delegamos a tarefa de pensar e agir, pôs-se em face do material humano como o temos. A mais simples reforma eleitoral, por exemplo. Em vez do legiferante arrumar diante de si, enfileiradas, as criaturas vivas que vão executar o ato do voto, e dar-lhes leis consoante seu feitio mental, ajeitadas às suas taras, conformadas pelas suas bossas, atendidas todas as idiossincrasias que o individualizam, ele, legislador, oh pândego de sobrecasaca!, ergue diante dos olhos o homem ideal dos filósofos utopistas, uma joãojacquesrusseaunice de pernas de pau e fígados de palha, entidade zoológica inexistente, absurda, grotesca, puro mundo da lua; e talha o fato para esta fantasmagoria antropológica. Pronta a veste, da primeira vez que vai a uso, o eleitor ao envergá-la vê que não serve, está curta a calça, o paletó abotoa atrás, os bolsos às avessas. Mas é preciso vesti-la. Veste-a à força, e rompem as costuras, saltam botões, estalam os cós, o chapéu enterra-se até a orelha. Conseqüência: em vez do eleitor arcádico preluzido na mioleira legiferante do Capilé, sai-lhe Little Bittch a sério. Já o 15 de Novembro foi assim, em grande. Uns ideólogos tão sábios em ciência alheia quanto ineptíssimos na ciência valiosa do *Nosce te ipsum* meteram-se a alfaiates de toda a nação. Ao velho mas cômodo e bem assentado jaleco imperial que Pedro II conservava escovadinho e cerzido com apuro, resolveram eles substituir por um terno à americana. Mas nem sequer coseram-no sob medida. Importaram-no dum *Bon Diable* de Boston, já prontinho, e – *zás* – meteram a nação aparvalhada dentro. Conseqüência: surgiu no tablado dos povos uma coisa inédita, Little Bittch em ponto país.

Variou apenas a coifa: o barrete pé de meia zarcão dos jacobinos do 89 francês (estes 89!) substituiu o clássico *tuyau* do amigo Bittch. Era até ali o Brasil um índio de tanga, como o figuravam os caricaturistas de antanho. Após a *maquillage* do 24 de Fevereiro faz lembrar uns sujeitos vestidos pelo século XVII francês, que há tempos anunciavam cigarros pelo Triângulo. A nossa impressão como República no concerto das nações deve orçar pela que aos passantes davam os tais exoticíssimos anunciadores de cigarros.

Jefferson... Iam-nos saindo umas palavras do sensato Jefferson relativas a estes ideólogos; mas fique Jefferson no seu canto. Quem compreenderia aqui o bom senso de Jefferson? Adiante. Isto que é na política é no mais o Capilé. Vejam-se as letras. Nenhuma invenção, nenhum desenvolvimento por graus de sementezinhas germinadas *in loco*. Sempre o transplante e o plágio. Quando nas metrópoles estava em moda o épico, a tuba sonorosa, o apoteosamento de ilustres piratas que saquearam a Índia e exterminaram a América Inca e Asteca, os poetas de cá rimavam à camoniana, com borbulhas de Grécia mítica entreverando Caramurus e mais boa gente inofensiva.

Surgiu Byron na Inglaterra como um Saci apolíneo. Nós em massa byronizamos fazendo do Tamanduateí Helesponto e das crioulinhas *ladys* Hamiltons e condessas Guicciollis. Veio Heredia, veio Lecomte. Nos herediamos incontinênti, e lecomtiamos com um tal sério...

No romance Alencar mete romanos de Plutarco na pele de Aimorés, e derrama na paisagem balsaminas, graúnas, serras azuis, e todo um Houbigant chateaubriandesco de cheirinhos mil-flores. O resto (meu M. de Assis, tu bem sabes que és a Exceção Única) plagia com engenho maior ou menor, ciente ou inconscientemente. Nas artes plásticas, pastiche. Milheiros de casas erguem-se todo ano sem o vislumbre duma nota da terra, inventada, criada, nota viva, como o mais bárbaro tibetano a põe na sua moradia. No mobiliário sai-se da sórdida canela *ciré* para cair na embuia, dando à linda madeira unicamente formas que Viena e Estados Unidos inventaram. Sempre a cópia. Copiará o Senegal quando o Senegal criar algo de seu. Existe a fobia da invenção. Chama-se talento à habilidade da costureira que talha por figurinos. Gênio é quem produz em massa harmônica, embora contra a significação essencial da palavra, coisa nenhuma crê. Todas as terras vestem-se ao seu sabor. Nós não. Não temos a bela coragem de meter na cabeça uma porunga laçada a urucu e ir assim, imponentes, a uma recepção diplomática.

– Olha o despautério! O Saci ensandeceu este sujeito – exclamará o leitor –; uma porunga na cabeça!, que extravagância!

Este interruptor, entretanto, acha nobre ir-se à festa com um canudo de chaminé na sinagoga e no corpo um surtum preto com cauda bipartida. Veste-se de fogão e ao mirar-se no espelho acha-se elegantíssimo.

— Amigo Xarope, a idéia da porunga vale a idéia do inglês aproveitando velhos *stocks* de luzidios canudos de fogão para com um palmo deles, uma tampa em cima e abinhas embaixo, arrostar todas as idéias clássicas em matéria de chapéu, e impor-se ao mundo. A chaminé na cabeça do inglês e o surtum preto de caudinhas adaptado pelo francês por virtude de razões quiçá respeitabilíssimas são criações deles, esplêndidas afirmações de individualidade. São coisas nobres que tangenciam o heróico. Já em ti berram de grotescas. Isso de não casares, de não enterrares os parentes, de não comeres um banquete, de não ouvires música de luxo sem *tuyau* no coco e rabo de pano no cóccix, confessa, Xarope, é gorrilha até a medula.

A razão do inglês é sólida: apraza-me nesta Londres toda chaminé honrar a indústria do canudo usando um palmo dele, aprumado sobre a parte mais nobre do meu corpo; apraz-me, e acabou-se.

A do francês é solidíssima: apraz-me adquirir em duplo um apêndice vulgaríssimo em todos os animais; provo-me assim que sou rei usando duas caudas entre súditos que só têm uma; apraz-me, e acabou-se.

Mas a tua razão, Xarope, é de cabo-de-esquadra: trago cartola e casaca nos momentos solenes porque... ingleses e franceses as trazem.

Este raciocínio simiesco é o mesmo que te leva a dar ao exército um fardamento por ano sem nunca criar uma farda. Copias tudo, dragonas e quepes; adaptas tudo, polainas e capacetes. Não foste até ao heroísmo invertido de meter capacetes alemães na cabeça dos nossos soldados da guarda, que os usam ora caídos para trás, ora de banda, ora enterrados até as orelhas de modo a provocar sorrisos de compaixão em todo mundo? E agora para fardar tiros e escoteiros não sorvestes literalmente os figurinos ingleses? O pauzinho da polícia, não lho deste torneadinho e cabeçudo tal e qual o dos *policemen* londrinos?

— E esta! Que queria você que eles tivessem nas mãos?

– Um galho de pau-brasil, amigo! Seria pitoresco, e heróico. É força ser heróico; e o heroísmo máximo é esse arrostar o ridículo criando a personalidade. A primeira cartola inglesa saída à rua foi recebida com pedras; como era, porém, mais heróico do que Trafalgar, venceu.

***

Não há mais ilusões. Não seremos nunca um "original", e sim má "cópia". O partido do plágio erigido em sistema de governo e educação vencerá em toda a linha. Pobre do meu Jeca Tatu, serás suprimido! Negar-te-ão na paz; rebentar-te-ão a dinamite na guerra. Tu maculas com uma nota de originalidade a obra maravilhosa do plágio. Já em Canudos, porque te atreveste a afirmar uma convicção, esmagaram-te em guerra cruel, glória eterna do vencido, vergonha eterna do vencedor. A luta continua. Canudos foi apenas um incidente vermelho. Continua o teu rechaçamento sistemático porque tu, Jeca, tens a suprema coragem de não ser grotesco por figurinos franceses. A verdade é esta: Jeca é a única afirmação de individualidade não laivada de ridicularias que possuímos. Vede-o. Lá está ele a esta hora com o seboso pinho na mão, pondo em sons os anelos vagos de sua alma. Defronta-o a mata em calmaria, onde embiruçus gigantes escorrem-se de cipós e parasitas. As baitacas num galho inclinam a cabecita verde, à escuta. A lua no alto também entrepara, como a ouvi-lo. As palavras que o homem modula são dele, criadas com emoção para seu uso pessoal. Os pensamentos que lhe pirilampejam no cérebro são filhos do ambiente, como a baitacas, a árvore, a lua. Traz-lhos um sentir pessoal, puro de atitudes falsas; é o produto da observação inconsciente dessa guerra eterna e silenciosa que é a natureza virgem. Suas imagens poéticas não vêm de França brochadas num Verlaine: sugere-as aquela piúva toda gema do ovo que lá amareleja no espigão, ou o gesto arisco do último caititu escapo à sua carga de chumbo. Se ama, honra à menina arisca do seu coração com sentimentos frescos como um sombrio de avencas, rudes como a pedra áspera das corredeiras, coloridos e ingênuos como a trapoeraba ou a margaridinha de pétalas singelas. Dentro de sua casa, biboca de barro e sapê, barro que ele amassou, palha que suas mãos arrancaram na boa lua, estão os cantinhos cheios do feijão mouro, de milho cateto e arroz sem qualidade, do à-toa. Na ceva, gaiolinha de jiçara, ronca o porquinho tatu entre sabugos e cascas de abóbora. Brinquinho, cão sem raça, todo inteligência e amor ao dono nos olhos, cochila-lhe ao pé. Súbito entreluz numa moita de caetés um brilho, e barulha um ruído entre folhas. Late Brinquinho, de orelhas em riste. Jeca atenta olhos e ouvidos. Perito que é no discernir todos os ruídos da natureza, não pode de pronto identificar aquele. Vacila. E como falha a experiência recorre ao sobrenatural.

– É o Saci – murmura –, e abafada a viola recolhe-se verificando dum olhar se pende da porta a cruzinha de pau.

Eis o criminoso. É mister civilizá-lo. Pô-lo de *smoking* num *club* a discutir os destinos da Alsácia, entre golinhos de *whisky*. O civilizador àquela hora lá está repoltreado num vime do Trianon, com um chapéu calçado para atrás porque Paris o usa assim; discute Rollinat e Capus; apóia-se na Havas; bebe pinguinhas em inglês, fuma quebra-queixos de Havana que lhe impingiu um espanhol gorducho murmurando-lhe ao ouvido: é contrabando! Disserta sobre a guerra, traçando planos estratégicos para o esmagamento da Alemanha, e esmaga a cinza do contrabando para mostrar que é fácil esmagar... a Alemanha. Entra uma boneca toda plumas e sedinha. É seu namoro. Ergue-se ele e vai cumprimentá-la com um Mlle. nos lábios. Recita-lhe ao ouvido xaropadas amorosas de Marcel Prevost, sem cuidado nenhum com os pronomes. Despede-se depois com mesuras *modern style*, lombricoidais. Volta à mesinha. Paga, com um dinheiro filado ao papá... "consumação" (esfarelai-vos na tumba, ossos de Camilo!) e dá de gorjeta ao espertíssimo futuro conde que o serve os níqueis do troco. E sai glorioso, soberanamente gorila!

Entretanto, *ceci tuerá cela!*

***

Os caminhos são opostos. O dilema impõe: ou ser Jeca, ou Capilé *gommeux* com pingos de *whisky*. Ser Jeca e levar às últimas conseqüências a afinação do indivíduo com o ambiente, ou ser *cocktail*, *puzzle*, *garni*, nacionalidade roupa usada de gola sebosa. O inglês é o inglês porque pegou dum pirata comedor de carne crua e o levou às derradeiras conseqüências da inglesia ingênita. Se pusesse ante os olhos o figurino romano, ou o grego, que pulhíssima caricatura não dava John Bull de clâmide cortando a cauda do buldogue de lord Alcebíades!

Pois bem: seguimos o caminho errado. Condenamos Jeca à morte. Damos-lhe na cabeça com o rifle na guerra, com o alfabeto e o voto na paz. Jeca, entretanto, resiste. É na paz o que foi em Canudos: um heroísmo silencioso que morre mas não adere. Jeca só trabalha para si: nunca virá ao país um conde montado no trabalho dele. Jeca não lê: o Binóculo nunca atingirá proporções de telescópio por culpa dele. Jeca não vota: nunca assentar-se-á na *currul* suprema um... (autocensura) pelo peso de um voto seu. Jeca não paga impostos. Resiste ao fisco pelo meio mais eficaz: não acumulando nada que meirinhos possam penhorar. Resiste à cultura, resiste a Havas, resiste ao *suelto*, resiste ao juiz, ao escrivão, ao sargento de polícia, à Light, ao cônsul inglês, ao estado de sítio, ao *Miroir de La Mode*, ao parnasianismo, ao João do Rio, ao Largo do Rosário, a Sanches, ao patriotismo, ao nacionalismo de artigo de fundo, ao telefone, aos *Aveugles-nés*, às Indústrias Reunidas, à colocação dos pronomes, ao Mappin, a Rosatti.

Salve, amigo, só tu neste paraíso dos xaropes és como o pau de lei: casca mole por fora, cerne que machado não morde por dentro. Só tu neste embaubal és cabiúna, Jeca!

***

Mas o Saci... Pano da amostra, já dissemos, revelador de que esta terra tem uma alma. Valeu a pena chamá-lo à cidade? Compreende ela o que no fundo isto significa?

Compreende nada... Está de olho ferrado no figurino a banzar:

– Que lindo! Usa-se o colarinho assim, assim. A poesia, vês?, usa-se simbólica. As botinas devem ter peito de lã cinzenta. E que lindo este novo psicologicismo no romance! Ah! Gourmont, Gourmont!, como previste bem esta nossa atual atitude mental!
– Mas o Saci...
– *Pff!*, regionalismo...

Bibliografia selecionada sobre Monteiro Lobato

DE JECA A MACUNAÍMA: MONTEIRO LOBATO E O MODERNISMO, de Vasda Bonafini Landers. Editora Civilização Brasileira, 1988.

JUCA E JOYCE: MEMÓRIAS DA NETA DE MONTEIRO LOBATO, de Marcia Camargos. Editora Moderna, 2007.

MONTEIRO LOBATO: INTELECTUAL, EMPRESÁRIO, EDITOR, de Alice M. Koshiyama. Edusp, 2006.

MONTEIRO LOBATO: FURACÃO NA BOTOCÚNDIA, de Carmen Lucia de Azevedo, Marcia Camargos e Vladimir Sacchetta. Editora Senac São Paulo, 1997.

MONTEIRO LOBATO: VIDA E OBRA, de Edgard Cavalheiro. Companhia Editora Nacional, 1956.

MONTEIRO LOBATO: UM BRASILEIRO SOB MEDIDA, de Marisa Lajolo. Editora Moderna, 2000.

NA TRILHA DO JECA: MONTEIRO LOBATO E A FORMAÇÃO DO CAMPO LITERÁRIO NO BRASIL, de Enio Passiani. Editora da Universidade do Sagrado Coração/Associação Nacional de Pós-Graduação em Ciências Sociais, 2003.

NOVOS ESTUDOS SOBRE MONTEIRO LOBATO, de Cassiano Nunes. Editora Universidade de Brasília, 1998.

REVISTA DO BRASIL: UM DIAGNÓSTICO PARA A (N)AÇÃO, de Tania Regina de Luca. Editora da Unesp, 1999.

UM JECA NAS VERNISSAGES, de Tadeu Chiarelli. Edusp, 1995.

VOZES DO TEMPO DE LOBATO, de Paulo Dantas (org.). Traço Editora, 1982.

Sítio eletrônico na internet: www.lobato.com.br
(mantido pelos herdeiros do escritor)

*Este livro, composto nas fontes Electra LH, Rotis e Filosofia,
foi impresso em papel pólen soft 80 g/m² na Prol Editora gráfica
São Paulo, Brasil, agosto de 2008.*

Conferênc
Georgismo e Comu
eratura do Minaret
América
Crônicas urup
déias de Jeca Tatu
Mr. Slan
tras notas Problema
Zé Brasil Crônicas
Perê: Resultado de um i
A Onda Verde Car
Miscelâne
Ferro
O Presidente N
Opiniões Na Antevés
Voto Secreto Fragmento
Jeca Tatu Prefácio
A Barca de Gley
Macaco que se fez Homem
imposto u
NEGRINHA
Entrevistas
Cartas Escolh
alo do Petroleo Cartas de Amo